한·미·일 3국의
안보 협력

동 인 과   변 인   그 리 고   미 래

한·미·일 3국의 안보 협력

동 인 과 변 인 그 리 고 미 래

황재호 엮음

이담북스

　본 책자 《한·미·일 3국의 안보 협력: 동인과 변인, 그리고 미래》의 발간구상은 2024년 3월 21일 글로벌전략협력연구원이 일본 게이오대 동아시아연구소와 함께 개최한 '2024 글로벌전략협력대화'에서 시작되었다. '글로벌전략협력대화'는 2023년 3월 '인·태시대 한국 외교의 나아갈 길'에 이어 올해 3월 '인·태 시대 한·미·일 안보 협력의 길'이란 대주제로 한·미·일 3국의 50여 전문가들이 온오프로 참여해 전일 개최되었다. 이번 '대화'의 의의는 한·미·일 3국이 민주주의 수호, 인·태 협력 추진, 대북정책 협력 등을 보다 광범위하게 전개하기 위한 방안 도출 논의에 있었다.

　현재 본 책자가 발간되는 시점, 한·미·일 3국의 안보 협력은 그 어느 때보다 활발하게 진행되고 있다. 2023년 여름 캠프 데이비드부터 올해 3월 18~20일 민주주의 정상회의에 이르기까지 한미일 협력은 민주주의 국가들 사이에서도 매우 핵심적으로 기능하고 있다. 올해 '대화'에서는 그간 3국 협력이 어느 정도 성과를 내어왔는지, 앞으로 어떤 방향으로 발전해 나갈지를 집중적으로 논의하였다. 본 연구원은 '대화'의 개최 이후 그 결과를 책 작업으로 발전시키면 어떨까 기획하게 되었고, 책 작업에서 주로 아래 질문들을 다루고자 하였다.

한·미·일 3국은 현재까지 이룬 성과를 어떻게 인식, 평가하고 있는가? 3국 안보 협력의 동력과 속도는 적당한가? 한·미·일 3국은 각각 개별 국가 차원에서, 한미 한일 미일 등 양국 차원에서, 혹은 한·미·일 3국 차원에서 향후 안보 협력 강화를 위해 무엇을 어떻게 해야 하는가? 한·미·일 안보 협력에 대한 국제사회의 인식은 어떠하며 이의 지지 확대를 위한 방법은 무엇인가? 한편, 한·미·일 3국이 직면한 자체적인 문제들과 함께 3국 공동의 도전 요인들은 무엇인가?

본 책 작업은 이를 답하기 위해 크게 세 개의 파트로 나누어 작성되었다. 제1 파트는 한·미·일 안보 협력을 질서, 이론, 역사적 시각에서 다각적 이해를 시도하였다. 박인휘 이화여대 교수는 한·미·일 안보 협력을 자유주의 국제질서의 변화와 강대국 정치의 역동성 차원에서 포스트 캠프 데이비드 3국의 협력과 도전 요인들을 각각 분석하였다. 최용 한양대 교수는 한·미·일 3국의 60년 관계를 냉전기와 데탕트, 탈냉전기로 나눠 3국 안보 협력의 시작과 발전 과정을 협력과 갈등의 이중적 역사 관점에서 해석하였다. 차태서 성균관대 교수는 탈냉전 이후 한·미·일 안보 협력을 구냉전과 신냉전의 구조적 틀에서의 논쟁적 담론을 제공하는 한편, 한국외교의 교훈을 찾고자 했다.

제2 파트에서는 한·미·일 안보 협력에 관한 각국의 입장과 정책을 비교, 고찰하고자 하였다. 정구연 강원대 교수는 한·미·일 3국의 이해관계가 지역 아키텍처로 확대되고 있으며, 한·미·일 안보 협력에 관한 한국의 입장과 정책이 이미 북핵과 한반도를 넘어서고 있다고 진단했다. 송화섭 글로벌전략협력연구원 선임연구위원은 한·미·일 협력이 3국의 대북정책 조정에서 시작하였으며, 점차 여타 영역으로 제도화되고 있음에 주목하였다. 김영준 국방대 교수는 미국은 인·태 전략의 실행체로서 한·미·일 안보 협력을 활용하고자 해왔으며 캠프 데이비드는 이런 노력의 결실이자 기념비적 성격을 지닌다고 보았다.

제3 파트에서는 한·미·일 안보 협력의 전망과 제언을 다루고자 하였다. 차두현 아산정책연구원 수석연구위원은 한·미·일 안보 협력에 있어 많은 도전 요인들이 있으며, 특히 캠프 데이비드 이후 한·미·일 3국 및 한일 양국 차원에서 해야 할 정책 조치들을 제시하였다. 김아람 제주평화연구원 연구위원은 한·미·일 안보 협력이 2024년 미국 대선의 불확실성과 미국 내 여론의 양극화로 인해 더 큰 도전에 직면했다고 보았다. 김도희 국회입법조사처 입법조사관은 한·미·일 안보 협력이 미국 인·태 전략의 7번째 핵심 노력선core lines of effort에서 국제사회의 글로벌 규칙 제정자로 나아가기 위한 필수적 정책들을 제언하였다.

결론적으로 본 책자는 협력과 경쟁이 교차하는 인도·태평양이란 공간에서 한·미·일 3국 안보 협력이 가지는 정치, 경제, 외교, 안보, 군사적 의미를 다각적으로 입체적으로 조망하는 한편, 3국 안보 협력이 개별 국가에 주는 전략적 함의와 시사점을 찾고자 하였다. 이를 통해 3국 안보 협력의 가능성과 한계점을 예측하고자 하였다.

마지막으로, 이 책자가 발간되도록 도와주신 모든 분께 감사의 말씀을 드리고자 한다. 먼저 '2024년 글로벌전략협력대화'에 축사를 보내주신 정병원 외교부 차관보님, 회의의 중요성에 공감하시고 직접 축사를 해주신 미바에 다이스케 주한 일본 부대사님과 사쿠라이 조이 미치코 주한 미국 부대사님께 감사드린다. 다음으로 '대화'가 가능하도록 처음부터 끝까지 함께 하신 일본 게이오대 동아시아연구소

니시노 준야 소장님께 감사드린다. 시차를 넘어, 또 직접 비행기를 타고 회의에 참석해 예리한 시각과 깊이 있는 분석을 공유해 주신 미·일 양국 전문가분들께 감사드린다. 적극 '대화'에 참석하고 다방면으로 협조해 주신 여러 대사관(일본, 미국, 체코, 슬로베니아, 캐나다, 호주 등) 관계자 여러분께도 감사드린다.

무엇보다도 책자 발간을 직간접적으로 도와주신 한측 전문가 여러분께 감사드린다. 책 작업에 직접 참여하신 9분 전문가분들께서는 항상 연구원의 든든한 의지가 되어 주셨다. 3월 '대화'에 전일 참여해 주신 한측 패널분들의 귀한 말씀은 책자의 내용을 더욱 풍성하게 해 주셨다.

이번 책자를 기획, 준비한 글로벌전략협력연구원은 글로벌전략협력대화라는 국제 컨퍼런스를 매년 개최하고 있다. 이름 그대로 글로벌, 전략, 협력을 위한 대화의 '자리(플랫폼)'다. 본 연구원은 글로벌 차원에서 각국의 전략을 논의하는 것에서 나아가, 각국과의 지속 가능한 협력을 깊이 있고 창의적인 자세로 접근하고자 한다. 이에 본 책자의 건설적 논의와 제언들이 한일 한미 미일 양자관계와 한·미·일 3자 관계의 미래 전진에 있어 작지만 유의미한 방향 설정과 충실한 실천에 기여했으면 하는 바람이다.

2024년 7월 23일

글로벌전략협력연구원 원장

황재호

목차 ❖

제3부 한·미·일 안보 협력의 전망과 제언

제1부

한·미·일 안보 협력의
역사적 이론적 이해

제1장

국제질서 변화와 한·미·일 안보 협력: 질서의 차원

박인휘

I. 캠프 데이비드, 한·미·일 안보 협력의 새로운 이정표

한국 전쟁 직후인 1953년 10월에 체결된 한미동맹은 미국의 동아시아 안보전략을 주도하는 결정적인 역할을 담당했다. 미국 주도의 양자동맹 질서가 정착된 동아시아 지역의 안보는 그렇지 않았던 이전의 동아시아 근현대의 시간과 비교할 때, 동아시아 지역의 안보 유지는 물론 이 지역 역내 국가들의 경제가 크게 성장하게 만드는 안전판 역할을 담당했다.[1] 논쟁적 소지가 있긴 하지만, 미국 주도의 동맹은 동아시아 역내 국가들이 서로 다자주의적 외교 네트워크를 강화시켜 나가는 데에도 크게 기여했다. 일본과 동남아 국가 간 경제 관

---

[1] Kim, 2004; Calder & Ye, 2010.

계, 태평양을 마주한 해양 국가 중심의 초기 아세안ASEAN 결정 과정, 호주의 동아시아 진출 등은 미국 주도의 동아시아 안정화 전략과 깊게 연동되었다고 볼 수 있다.

불행했던 역사적 경험에도 불구하고, 한·미·일은 기본적으로 서로 협력하는 외교 관계를 유지했는데, 여기에는 한일 양국이 미국이라는 동맹 파트너를 공유한 사실이 주요한 배경이 되었다. 해방 20년 만에 체결된 한일 국교정상화는 박정희 대통령의 실용외교 원칙과 함께 미국의 적극적인 주문이 결정적인 요인이 되었고, 1970년대 초의 한일 경제협력과 1980년대의 한·미·일 협력은 한·미·일 삼국이 더 많은 국가이익을 확보하기 위한 전략적 연대라는 이해가 강했다.[2] 조금 다른 맥락이 있기는 했지만, 김대중 정부의 한일 외교 관계 개선 역시 실용주의적 접근과 함께 국제사회에서 더욱 높아진 한국의 위상으로 인해, 대일 관계에서 한 차원 높은 이익을 확보하겠다는 거시적인 국가 비전이 작용한 결과였다.

2023년 8월 한·미·일 삼국 정상은 '캠프 데이비드 정신Camp David spirits'을 공동 발표했다. 캠프 데이비드 선언은 한·미·일 협력의 비전과 원칙, 목표 그리고 이행 체계를 명시한 3개 문서를 채택했는데, 여기에는 같은 네 가지 핵심적인 배경이 자리 잡고 있다.[3] 첫째, 한·미·일은 아시아와 태평양 지역을 대표하는 세계 최고 수준의 자유민주주의 국가라는 사실이다. 자유주의 국제질서가 소위 '구조적 위기'를 맞

---

2 대표적인 연구로는 빅터 D. 차(2004)를 참고.

3 정책브리핑, 2023.8.18.

이한 현재, 가치와 원칙에 입각한 '규칙기반' 국제질서의 중요성을 강조한 것이다. 둘째, 아시아 지역을 뛰어넘는 글로벌 차원에서 한·미·일의 공통된 이해관계가 삼국의 개별적인 국가이익과 맞닿아 있음을 확인하고, 삼국이 각자 보유한 외교안보 자원을 바탕으로 적극 협력하여 공동의 이익을 확장해 나가겠다는 의지이다. 셋째, 안보, 비전통 안보, 무역질서, 국제금융 등 국제사회의 다양한 과제들에 대해 구체적 해결능력을 제시하고, 향후 이러한 해법과 능력을 바탕으로 글로벌 리더십을 한·미·일이 함께 공유하겠다는 의미이다. 마지막으로, 기존의 양자 및 다자적 접근과 함께 현 국제질서에서 '소다자주의 minilateralism'의 중요성이 강조되는 현실을 고려하여,[4] 한·미·일이 새로운 소다자주의 모델을 구축하자는 의지의 표현으로 볼 수 있다.

이상과 같은 배경에서, 본 글은 현재의 국제질서가 어떤 변화와 위기를 경험하고 있는지를 설명하고, 한·미·일 삼국 협력이 국제질서 변화와 어떤 연결성을 가지는지 살펴보겠다. 이어서 한·미·일 삼국 협력의 외교안보적 의미와 특징을 설명하고, 향후 예상되는 문제점 및 과제에 대해서도 짚어보고자 한다.

---

4 Brummer, 2014.

Ⅱ. 자유주의 국제질서 변화와 강대국 정치

1. 자유주의 국제질서의 구조 조정

제2차 세계 대전 이후 형성 및 정착되고 구조화된 자유주의 국제 질서liberal international order가 변화에 직면했다. 지난 30여 년의 세계화 시기 동안 거의 모든 유형의 상품, 자본, 인적 교류가 일상화되었고, 그 결과 실질적인 의미에서 국경이 사라지는 그야말로 하나의 글로벌 지구촌이 생겨나는 듯했다. 하지만 2008년 글로벌 금융위기를 전후로 일종의 '시장 만능주의' 세계화에 대한 반성들이 구체적으로 표출되었고, 이와 연관되어 초강대국으로서의 미국의 책임과 역할, 미·중 갈등의 구조화, 국가 간 세계화의 차별적인 수혜 등이 심각한 문제점으로 부상했다. 물론 이러한 문제점들이 지난 30년의 시간에서 존재하지 않았던 새로운 사실은 아니지만, 많은 사람들은 세계화의 여러 문제점이 궁극적으로 국제질서 안에서 해결이 가능할 것으로 믿었던 것이다. 그러다가 글로벌 금융위기를 기점으로 세계화 흐름 자체에 대한 구조 조정이 필요한 것이 아닌가 하는 진지한 고민이 생겨난 것이다.[5]

전후 질서에서 구조화된 자유주의 국제질서는 지구적 차원에서의 시장경제 성장과 민주주의 확산을 핵심 축으로 삼았다. 내용의 차원

5　관련한 대표적인 문제의식으로는 Nye, Jr.(2010), pp.143~153을 참고.

에서 자유무역, 금융 이동의 자유화, 국가 간 관계의 제도화 등으로 대표되는 국제질서는 냉전기 동안 자본주의 진영에만 머물렀던 경향이 있었고, 탈냉전과 함께 지구촌 곳곳으로 급속히 확산되면서, 국제사회의 생산 활동과 외교안보관계를 하나로 통합하는 결정적인 요인이 되었다. 자유주의 국제질서가 추구하는 핵심 내용은, 1) 민주주의와 자본주의 정체성을 가지는 단위 국가, 2) 배분 과정에서의 시장의 작동과 자유경쟁에 대한 존중, 3) 다자주의적 해결을 위한 국제제도, 4) 강대국 간 상호확증파괴를 통한 안정성 확보 등을 꼽을 수 있다.[6] 국제질서의 이러한 현실적 작동은 동시에 학문 세계 안에서 다양한 이론들로부터 뒷받침되었다. 대표적인 사례만 언급하자면, 강대국의 리더십과 국제질서 안정성 사이 간 연관성에 천착한 패권안정이론, 민주주의 국가들 사이에서 무력 충돌 회피 가능성을 강조하는 민주평화론, 예측력과 합리성을 기반으로 한 국가 간 협력 증대를 증명하고자 한 신자유주의적 제도주의 이론 등이 있다. 특히 이 중에서도 초강대국 미국의 리더십은 전후 자유주의 국제질서 운영의 핵심 요인으로 평가되곤 했다. 그런데 2016년 '아메리카 퍼스트(미국 국가이기주의)'를 내세운 트럼프 대통령의 당선과 동시에 '국제공공재 international public goods' 제공을 포기하는 듯했던 상황은 자유주의 국제질서 균열의 결정적인 계기를 제공하게 된 것이다.[7]

6　전후 질서에서 정착 및 발달한 자유주의국제질서의 포괄적인 설명에 대해서는 Ruggie (1993) 참고.

7　물론 이러한 설명이 미국의 역할을 지나치게 미화한 경향이 있고, 공공재라는 이름으로 미국이 부담을 졌지만, 결국에는 미국에 가장 큰 이익을 보장해 주는 '사유재private goods'로서 기능

돌이켜보면 세계화의 이름 아래 30여 년 동안 '개방적 다자주의'가 거대한 물결처럼 넘쳐났다. 물론 이 과정에서 국제질서의 자기 모순적인 부분도 많았다. 예를 들어, 미국이 '투명성' 차원에서 많은 문제를 안고 있는 중국을 국제질서에 적극 편입시킨 점을 꼽을 수 있는데, 2001년도 WTO 가입을 계기로 중국은 민주주의 및 시장원리의 준수와 무관하게 미국 주도의 국제질서에 적극 수용되었다. 과거 냉전 시기와는 차별적인 모두에게 오픈된 '개방적 다자주의 질서'였기 때문에 가능했다는 평가가 지배적이다. 글로벌 시장이 통합되고 민주주의가 보편적인 가치로 자리를 잡는 듯하더니, 2015년을 전후로 해서 자유주의 국제질서가 심각한 문제들을 노출하기 시작한 것이다. 트럼프 대통령의 집권, 영국의 EU 탈퇴 결정Brexit, 일본, 중국, 러시아와 같은 강대국에서 발현된 적극적인 국가 이기주의, 특히 중국의 경우 패권주의 프로젝트일대일로가 적극 분출되었다. 급기야 2020년의 코로나 사태를 경험하면서 이러한 위기는 정점을 향해 달려가고 있는 형국이다.

결국 국제사회에 '세계화는 후퇴해야 하는가?'라는 질문이 제기되었다. 효율을 극대화한 생산에만 초점을 맞춘 세계 '생산 공급망supply chain'의 과도한 밀집 현상이 코로나 바이러스를 순식간에 전 세계 구석구석으로 전달했던 것이다. 인류는 세계화를 멈춰야 하는가? 그리고 자유주의 국제질서는 종말의 순간을 맞이할 것인가? 결론적으로 얘기하자면, 자유주의 국제질서의 심각한 문제점에도 불구하고, 자

했다는 비판 역시 존재하고 있다.

유주의 질서를 대체할 다른 국제질서의 유형이 자리 잡기까지는 상당한 시간이 걸릴 것이고, 따라서 현 국제질서는 향후 상당 시간 동안 지속될 것이다.[8] 이러한 설명을 자유주의 국제질서의 지속성과 부분적인 조정이라는 관점에서, '제도, 행위자, 이슈', 이렇게 세 가지 차원에서 살펴보고자 한다. 먼저 '제도'의 경우, 가까운 미래에 국가 간 제도적 관계의 효율성을 전제로 한 다자주의를 대체할 질서가 등장하지는 않을 것이다. 국제사회의 다양한 위기로 인해 국제사회 자체가 일종의 '재사회화re-socialization'를 경험할 수는 있겠지만, 자유주의, 개방성, 그리고 호혜주의에 바탕을 둔 다자주의 정신을 대체할 원칙이 등장하려면 오랜 시간이 소요될 것이다. 다만, 서로 다른 가치(혹은 이익)를 추구하는 서로 다른 다자주의 간 경쟁은 예상해 볼 수 있다.

둘째, '행위자'의 문제인데, 기본적으로 비국가 행위자의 중요성은 미래에도 지속될 것이기 때문에 여기서는 국가 행위자만을 고려하고자 한다. 시간이 흐르면서 국가들의 힘과 영향력은 더욱 다양해지고 차별화될 것이다. 과거처럼 국제사회의 힘은 단일한 모습을 가지지 않는다는 사실은 이미 잘 알려져 있지만, 미래의 시점에는 더욱 다양한 힘과 영향력의 종류를 경험하게 될 것이다. 예를 들어, 과거 냉전기 동안 힘은 '집중적'이었고, 세계화 30년 동안 힘은 '분산적'이었다면, 향후 힘과위은 '개별적이면서도 일면 공유되는' 성격을 가지게 될 전망이다. 비국가 행위자의 행동반경이 더욱 넓어지고, 결과적으

---

8 Ikenberry, 2018, pp.7~23; Jahn, 2018, pp.43~61 참고.

로 정치 영역과 시장 영역이 더욱 차별화되는 경향이 강화되겠지만, 여전히 조정자moderator or facilitator 역할을 담당하는 '국가'의 역할을 대체할 행위자는 등장하지 않을 것이다. 다만, 글로벌 시민사회global civil society의 형성은 더 가시화될 수 있는데, 한 국가 안에서의 시민사회가 정부의 부당한 권력남용에 대항하면서 오랫동안 정당성과 영향력을 키웠듯이, 글로벌 시민사회 역시 특정 강대국이나 국가군群의 과다한 영향력 행사에 맞서는 상황이 등장할 것이다.

마지막으로 국제사회의 '이슈' 차원에서, 가장 중요한 부분은 미래에는 인권, 양극화, 지구화 문제(기후변화 등), 국제 보건 등과 같이 어떤 나라도 독점적으로 해결책을 제시할 수 없는 이슈들이 지배적으로 등장할 것이라는 점이다. 결국 개별 국가가 각자의 역량에 따라 국제사회에서 얼마만큼 '문제해결능력'과 영향력을 확보할 것인가의 문제인데, 국가는 각자의 외교안보 자산을 바탕으로 국제사회에 기여하는 고유한 모델을 확보하게 될 전망이다. 그런데 미래 이슈들의 특징을 고려할 때 국제사회의 제도적 장치만 잘 만들어 놓는다고 해서 해결할 수 없는 경우가 대부분이다. 따라서 미국과 같은 강대국이 행사하는 리더십의 역할은 과거와는 차별적인 방식과 내용으로, 글로벌 행위자들의 협조를 끌어내는 능력, 각 국가들의 의지commitment를 실천으로 전환시키게 만드는 능력으로 구현될 전망이다.

2. 국제질서 변화와 강대국정치power politics

국제질서의 변화 가능성에 대한 이상과 같은 논의와 함께, 한미·일 안보 협력의 의미라는 차원에서, 현재 국제안보에서 가장 논쟁이 되는 두 가지 사안에 대해서 잠시 살펴보고자 한다. 바로 '강대국 정치'의 귀환과 관련한 사안인데, 그 한가운데에는 미·중 충돌과 우크라이나 전쟁이 자리 잡고 있다. 세계화 30년 동안 미국은 유럽 지역에서 나토 확장을 통해 '러시아 묶어두기'에 성공했고, 러시아의 안보불안이 증폭되면서 결국 우크라이나 전쟁이 발발하게 되었다. 미·중 갈등이 심각한 수준으로 증폭되었고, 바이든 정부 등장 이후 '인도·태평양 전략'이 더욱 강조되면서, 아마도 러시아는 미국이 자신에게 그랬듯이 중국이 미국을 아시아 지역에 '묶어 두는 전략'을 희망하면서 전쟁을 일으켰을 것이다. 비록 과거 70~80년대의 냉전 방식의 강대국 정치까지는 아니더라도, 강대국 간 치열한 경쟁의 전개는 국제질서 대전환의 또 다른 한 장면으로 받아들여지고 있다.

미·중 갈등부터 살펴보면, 물론 아직 '복합 국력Overall power' 관점에서는 미·중 사이에 여전히 상당한 격차가 존재하고 있지만, GDP와 같은 산업생산력에만 초점을 둔 기준으로 하면, 2040년을 전후로 중국이 미국을 제치고 세계 1위를 차지할 전망이다. 그런데, 동아시아 지역에서 전개되는 두 국가 사이의 경쟁구도가 다른 어느 지역보다도 구체적이고 심각하다는 점을 상기할 때, 한국의 외교안보 이익에 미치는 미·중 갈등의 심각성은 매우 중대하다. 미·중 갈등으로 인해 한국의 외교 스탠스가 중요하다는 주장이 담론 차원에서 진행되다가, 우리에게 매우 구체적인 국가이익으로 다가온 것은 2016년의 '사드 배치 사태'와 2019년의 '화웨이 사태'이다. 1953년 한미동맹 체결 이후 한국의 관점에서 과거 미국은 '관대한 안보 보장 지원국'이었다면 현재는 '상호주의적 초강대국'이 되었고, 중국은 '강력한 이익 추구형 확장국가'로 이해된다. 미·중 갈등이 구조화되면서 호주, 싱가포르, 프랑스 등과 같이 미·중 갈등으로 인해 외교적 난제들을 겪고 있는 국가들이 속속 등장하고 있지만, 북한 문제를 안고 있는 관계로 한국과 같은 난처한 처지의 나라는 없을 것이다.

지금까지 대략 20년 정도의 시간 동안 전개된 미·중 갈등은 일종의 단계적 국면을 바꿔가면서 진행되었다는 점에 주목할 필요가 있다. 구체적으로 1990년대 후반 이후부터 발견되기 시작했던 '사건중심적인 경쟁even-driven competition', 2010년 전후를 시점으로 가시화되기 시작한 '제도중심적인 경쟁institution-driven competition', 그리고 최근에 와서는 글로벌 질서 수립의 주도권을 놓고 다투는 '표준지향적인 경쟁global standard-driven competition'에 이르기까지 미·중 경쟁은 일정한 시간적 격차를 보이면서 흥미로운 변화를 보여 왔다. 여기서 주목할 부분은 2010년을 전후로(2단계) 중국은 미국이 만들어 놓은 국제질서의 각종 제도적 세팅에서 벗어나, 중국 스스로 국제제도를 직접 설계해야만 국가이익을 극대화할 수 있다고 판단했다는 점이다. 중국의 이러한 노력은 국제안보, 국제경제, 문화 등과 같이 모든 영역에 걸쳐서 정교하게 진행되었는데, 상해협력기구SCO, 아시아인프라투자은행AIIB, 신개발은행NDB 등의 사례에서 보듯이, 더 이상 미국 주도의 제도적 영향력 아래에 머물 수 없다고 판단한 것이다.[9]

한편, 우크라이나 전쟁의 장기화와 지정학의 부상을 둘러싸고, 전쟁 이후 러시아를 중심으로 한 새로운 강대국 갈등구조가 등장할 것이고, 이와 관련한 한반도적 영향력에 대한 다양한 분석이 제기되고 있다. 어떤 형태로든 향후(2040년경까지) 국제환경에서 현재 제기되고 있는 러시아 변수가 당분간 영향력을 행사할 가능성은 매우 높아 보인다. 두 가지 시나리오가 가능한데, 1) 러시아와 중국의 연대 강화를 통해 러시아는 미국이 아시아 지역에서 중국과 경쟁에 몰두하게 만들면서, 유럽 지역에서 자신들을 위한 전략적 공간이 확보되기를 희망할 것이다. 또한 2) '미·중·러 삼각 게임'이 과거보다 훨씬 복잡하게 전개될 가능성이 높아진 관계로, 과거 냉전기와 직접적인 비교는 불가능하지만, 어떤 형태로든 미·중 사이에 협력과 갈등의 방식이 훨씬 다이나믹하게 전개될 것은 분명해 보인다. 특히 이와 관련하여, 국제사회의 비난을 받는 러시아를 지원한다는 중국의 심리적 부담감이 오히려 아시아 미·중 갈등 구조에서 미국과 특정 영역에서(인권 문제, 에너지 문제) 의도하지 않은 협력으로 이어질 가능성 역시 존재하는 것으로 판단된다.

---

9 Arase, 2017; Kai, 2016 참고.

3. 국제질서의 혼돈과 한·미·일 협력

한·미·일 캠프 데이비드 협력은 현 국제질서의 혼돈과 깊게 맞닿아 있는 측면이 있다. 작금의 국제질서는 소위 거시적인 복합 이행 과정으로 이해해야 하는데, 냉전 종식 이후 지난 30여 년의 역사를 거치면서 미국이 주도한 자유주의 규칙기반 질서는 다양한 대내외적 도전에 직면해 왔다. 워싱턴 컨센서스에 기반을 둔 신자유주의 세계화의 구조적 문제점을 포함하여, 2008년을 전후로 글로벌 금융위기를 겪으면서 미국은 스스로 글로벌 리더십을 변환시키는 시도를 하기도 했다. 최근에는 코로나 사태로 상징되는 한마디로 통제가 불가능한 반세계화적인 문제에 직면하면서, 세계화에 대한 돌이킬 수 없는 불만이 제기되는 것처럼 보였지만, 국내외 많은 전문가들은 자유주의 국제질서가 조정 과정을 거쳐 과거보다 진화한 모습으로 유지될 것이라고 설명한다.[10] 한·미·일 협력과 관련하여, 더욱 효율적이고 다양한 유형의 다자주의 협력이 등장할 것으로 설명하는데, 한·미·일 협력은 이러한 전망의 차원에서 이해할 필요가 있다.

국제질서란 국가 및 비국가 행위자들 사이의 상호작용을 포괄하는 규범과 규칙, 그리고 제도적 세팅과 다양한 조직체의 총합을 의미한다. 주지하는바, 관계가 규칙적이고 예측이 가능할 때, 무질서 상태를 뛰어넘는 질서 상태를 구성 및 유지할 수 있다. 물론 자유주의가 이러한 질서를 가능케 하는 유일한 규범은 아닐 것이다. 또한 미국이

---

10 Alder-Nissen & Zarakol, 2021, pp.611~634; Norrlof, 2021, pp.799~813 참고.

주도한 자유주의 국제질서가 특정 행위자의 이해관계와 결과적으로 부합하는 측면을 부정할 수는 없다. 하지만 하나의 일관된 방향성을 가지고 다수가 존중하는 공통의 규범과 다자주의적 제도를 강화해 온 것이 사실이다.

한국과 일본은 자유주의 질서를 적극 수용 및 활용하면서 국제질서에 안착 및 성장한 국가로서, 현재의 다양한 국제질서 도전 요인들에 적극 대처해야 할 책임감을 공유하고 있다. 자유주의 국제질서와는 성격을 달리하는 대안을 제시하는 수정주의 국가들이 속속 등장하고, 소위 '글로벌 사우스Global South' 국가들은 21세기 판 비동맹 원칙 하에서 새로운 길을 모색하고 있다.[11] 이런 배경에서 한국과 일본 그리고 미국이 자유주의 국제질서를 강화해 나가겠다는 비전을 공유하고, 나아가 지난 30여 년의 세계화 시기에 제기된 지구촌의 많은 문제들을 함께 해결하겠다는 필요성에 공감한 것이다. 현재의 국제질서 혼돈의 중심에는 미·중 전략경쟁이 자리 잡고 있다. 국제정치에서 경쟁은 제한된 자원과 권력, 이익과 지위를 둘러싼 국가 간의 노력, 경합 및 추구를 의미한다. 경쟁이 갈등과 다른 의미를 가지는 이유는, 제한된 목표를 놓고 국가들이 노력하는 과정에서 기본적인 경쟁의 틀과 규칙을 서로 준수하기 때문이다.[12] 이런 맥락에서 한·미·일 삼국은 캠프 데이비드 합의를 통해 미·중 간 전략경쟁이 제도화된 틀 안에서 서로의 목표를 달성하도록, 제도적 궤적에서 이탈하지 않도

11 Walker, 2023.

12 Mazarr, et al., 2018.

록 노력할 것으로 판단된다. 결과적으로 한·미·일 삼국 외교안보 협력은 국제질서 혼돈기를 극복하기 위한 세계 최고 수준의 자유주의 국가 간 협력이라는 의미를 가진다.

현재 미국과 중국은 각자의 이익을 위해 국제질서가 복합이행을 과도기를 맞이하여 서로에게 유리한 가치를 담은 국제질서를 만들고자 모든 노력을 기울이고 있다. 한마디로, 권력과 이익, 가치를 포함하여, 국제질서 전체의 정체성과 방향성을 놓고 벌이는 역사적인 한판 승부이다. 하지만 동시에 미국과 중국은 여전히 기존의 자유주의 국제질서를 준수하는 경향을 보이면서, 서로 상호의존적 관계에 놓여 있다는 점을 잘 인식하고 있다. 즉, 상호 주권 존중, 국제사회 합의에 의한 제도의 준수, 다자주의 국제경제 질서의 필요성 등은 미국과 중국이 자신의 이익을 위해 위반할 수 없는 경쟁의 규칙인 셈이다.[13] 짐작건대 향후에도 미국과 중국은 기존에 유지되어 온 국제사회의 기본 규범과 규칙을 존중하면서, 향후 전개될 국제질서 전반이 스스로에게 유리하게 정립되도록 노력할 것이다. 이러한 판단이 정확하다면, 한·미·일 협력은 향후 미·중 갈등이 일정한 수준 안에서 관리되면서, 궁극적으로 불안정할 수는 있지만 일종의 '질서의 균형 관계'를 구축할 수 있을 것으로 보인다. 바로 이러한 차원에서, 같은 안보 이익을 가진 동맹국들, 혹은 전략적 파트너 국가 간 관계 설정이 중요한데, 한·미·일 삼국 협력은 3국이 질서의 경쟁과 균형에 대한 미래 질서에 대해서 의견을 공유했다는 매우 중요한 의미를 가진다.

---

13 Huang, 2021, pp.1~26.

Ⅲ. 한·미·일 안보 협력: 3개의 영역

1. 군사안보 중심의 협력

2023년 8월의 한·미·일 삼국 정상회담에서는 전통적인 군사안보 문제에서부터 경제 안보를 다룬 공급망 이슈는 물론 첨단 기술 협력과 지구적 차원의 다양한 사안들에 이르기까지 다양하고 포괄적인 의제에 걸쳐 협력에 합의했다. 무엇보다도 이런 합의들을 제도적 차원으로 이어 나가겠다는 의지를 밝힌 점이 특히 중요한데, 당시 합의에서는 향후 한·미·일 간 다양한 고위급 협의체의 정례화를 통해 캠프 데이비드 정신을 제도화하겠다는 점을 강조한 바 있다. 한·미·일 협력이 가지는 중요한 의미의 하나는 한국 외교의 주도적 역할이다. 한국은 민주주의 국가이고, 당연히 국민의 선택을 받은 지도자와 정부가 정해진 기간 동안 집권하면서 정책을 전개한다. 윤석열 정부의 대미 및 대일 정책 역시 국민들의 예상을 크게 벗어나지는 않는다. 다만, 그 전개 과정이나 추진의 범위에 있어서, 과거 보수정권들과 차별되는 일종의 '주도성과 적극성'을 발견하게 되는데, 캠프 데이비드 합의와 관련하여 우리 정부는 대미 및 대일 관계에서 기존에 간헐적으로 발견되던 상대적인 약소국의 입장에서 벗어나, 삼국 협력의 틀을 만드는 데에 외교적 주도성을 보였다는 차원에서 과거와는 다른 긍정적인 측면이 있다고 본다.[14]

한·미·일 안보 협력은 거시적으로는 군사안보 분야의 협력과 비전통 안보 분야의 협력 과제로 구분된다. 군사안보 분야와 관련하여 한국의 관점에서 먼저 북한 문제를 분리해서 살펴보면, 삼국은 북한 핵·미사일 위협에 공동 대응하기 위해 미사일 경보정보의 실시간 공유체계 가동, 증강된 탄도미사일 방어 협력, 그리고 한국과 일본에 대한 미국의 확장억제 공약을 재확인하는 삼국 연례 공동 훈련을 실시키로 했다. 이를 위해 "북한의 완전한 비핵화를 위한 공약을 재확인하며, 북한이 핵·미사일 프로그램을 포기할 것을 촉구한다."라고 밝혔다. 관련하여, 미국과 일본 정상은 이번 선언에서 "자유롭고 평화로운 통일 한반도를 지지한다."라고 밝혔다. 우리 헌법 4조가 밝히고 있는 "자유민주적 기본질서에 입각한 평화적 통일"에 대한 양국 정상의 공개적인 지지가 있었던 것이다. 특히 일본 정부가 지금까지 다소 느슨하고 포괄적인 차원에서 언급하던 한반도 통일 지지에 대한 부분과 비교하면, 캠프 데이비드 선언에 나타난 한반도 통일에 대한 문서 차원의 일본의 지지는 최초라는 평가가 가능할 것이다.[15]

또한 삼국 협력의 핵심에는 "일방적인 힘에 의한 현상 변경에 반대하고 주권 존중, 영토보전, 분쟁의 평화적 해결과 같은 규범에 기

---

14 물론, '북방정책', '김대중·오부치 선언', '한미동맹 미래비전' 등과 같이 과거에도 우리 정부의 적극적인 역할이 없었던 것은 아니지만, '한·미·일 삼국 협력'이라는 새로운 틀을 놓고 보자면, 한국의 외교적 스탠스가 두드러진다는 차원에서의 의미임.

15 한국의 입장에서 '북핵 문제'의 중요성을 고려할 때, 북핵 문제를 군사안보 분야에서 분리하여 하나의 독립적인 의제로 다룰 수 있지만, 북핵 문제는 4월 '워싱턴 선언'에서 집중적으로 협력방안이 도출된 바 있고, 또한 캠프 데이비드 정신이 포괄하는 다른 여러 의제들의 중요성을 참고할 때, 군사안보 의제의 틀 안에서 논의하는 게 적절해 보임.

반을 둔 국제질서를 수호하기 위한 협력"이라는 부분이 강조되어 있다.[16] 중국을 염두에 둔 표현이라는 차원에서 논란의 여지가 있지만, 한·미·일 삼국은 캠프 데이비드 선언이 다른 사례들과 같은 군사동맹이 아니라는 점을 강조하고 있다. 특히 제이크 설리번 미국 안보보좌관은 한·미·일 3국 협력이 아시아의 나토를 지향하는 것은 아니며, 특정한 국가나 세력을 위협으로 규정하기보다는 목표를 위해 협력하는 긍정적인 측면이 더욱 강한 협의체라고 강조하고 있다.[17] 미국은 과거 한국전쟁을 전후로 동아시아 안보 구조가 자리 잡을 때부터 한·미·일 삼국 간 상호의존적인 안보 협력을 추구해 왔다. 이번 회담으로 이러한 노력이 성과로 나타난 측면이 있다.[18]

무엇보다도 미래 안보 분야 의제는 기술혁명에 기반을 둔 군사력 및 작전능력 향상이 핵심인데, 미국은 군사안보는 물론 경제, 기술, 정치와 가치 등 다양한 영역을 포괄하는 주도적인 기술력으로 글로벌 차원에서 복합적인 전략 틀을 짜고 있다. 특히 대중국 관계에서 압도적인 군사적 우위를 유지하기 위해 노력하고 있으며, 이를 위해 스스로의 군사비와 무기 체계, 그리고 맞춤형 군사 전략 등에 주력하고 있다. 동시에 지역 곳곳의 주요 동맹국과의 군사 협력을 더욱 긴밀하게 유지해야 한다는 점을 강조하고 있다. 물론, 한미·일 협력의 군사 안보적 목표가 대중국 억제에 있는 것은 아니다. 하지만 미국과 긴밀

---

16 정책브리핑, 2023.8.18.

17 연합뉴스, 2023.8.20. 참고.

18 미국의 초기 동아시아 안보 전략을 포함한 전반적인 특징과 현재의 변화에 대해서는 다음을 참고. Tow et al., 2007.

한 동맹관계에 있는 한국과 일본의 입장에서, 삼국 협력은 현실적으로 중국이 시도하는 '힘에 의한 질서 변경'에 맞서기 위한 공감대를 갖고 있기 때문에, 군사안보 협력의 중국 요인을 부정하기는 어려워 보인다.

특히 AI와 디지털 혁신을 통한 군사기술혁명이 급속히 진행하면서, 향후 관련한 무기 체계 및 전략의 변화가 어떻게 진행될지 예측하기가 어려워졌다. 결국 미국이 주도하는 과학기술 생태계를 삼국이 안보 차원에서 함께 발전시키면서, 정부와 민간 영역 간 긴밀한 협조 속에서 한·미·일은 군사 기술 경쟁에서 세계에서 가장 앞선 지위를 확보하도록 노력할 것으로 보인다. 향후 미래의 전쟁은 전통적인 육해공은 물론 우주 공간, 사이버 및 전자기기, 그리고 인지의 영역에 이르기까지 운용이 가능한 모든 영역에 걸친 전쟁이 될 것이 확실하다. 모든 분야의 전쟁 기술을 뒷받침하는 일종의 메타 기술 혹은 기저 기술로서 인공지능과 양자 컴퓨팅, 바이오 기술 등 다양한 과학기술이 자리 잡고 있음을 의미하는 것이다. 이러한 기술 혁신은 미국을 포함한 동맹국들과의 긴밀한 협력을 통해서 기술의 공동 개발 및 표준 협력 등에서 협력의 여지가 매우 크다고 볼 수 있다. 결과적으로 한·미·일 삼국의 민간 경제 교류 및 상호의존은 더욱 확대될 것이라는 전망이다.

2. 비전통 안보 중심의 협력

한·미·일 캠프 데이비드 협력은 공급망, 경제안보, 여성, 미래 세대, 청정에너지, ODA 등 비전통 안보 영역에서도 심도 있는 협조를 표방했다. 한국과 일본은 비전통 안보 영역에서 상당한 수준에 다다르기는 했지만, 미국에 비해서는 여전히 뒤처져 있는 현실이다. 미국 역시 인·태 지역의 핵심 파트너 국가인 한일과의 협력을 통해 비전통 안보의 기술 발전을 더욱 촉진할 필요가 있는 상황이다. 특히 제조업이 뒷받침되어야 하는 기술혁신 분야에서, 미국은 제조업의 쇠퇴로 인해 산업 기반이 크게 약화되었기 때문에, 한국과 일본의 제조업 기반은 향후 신기술의 발전과 더불어 삼국 안보 협력의 매우 중요한 영역이 아닐 수 없다.

여기서 한 가지 고려한 사항은, 바이든 행정부가 캠프 데이비드 회담 직전인 당시 8월 초 행정명령을 발동하여, 슈퍼컴퓨터와 인공지능, 양자 컴퓨팅 등 최첨단 기술 분야 미국의 대중 투자를 새롭게 규제하는 지침을 발표하였다. 현재 실무적인 차원에서, 관련한 다양한 법과 규제들이 구체화되고 있는데, 이러한 미국의 대중 투자 제한은 이미 작동하고 있는 반도체 등 첨단 기술의 대중 수출 규제와 함께, 미국의 기술 안보의 핵심적인 정책이라고 할 수 있다. 그런데 문제는 미국이 이 과정에서 양자적 차원의 기술 협력 및 통제뿐만 아니라, 동맹국들과 함께 다자적 차원의 대중 기술 안보를 추구하고 있고, 행정명령에서도 향후 동맹국들의 참여가 반드시 필요하다는 점을 강조하고 있다는 것이다. 미국이 직면한 이러한 현실은 향후 한·미·일 협력이 구체화 및 제도화되는 과정에서 일부 걸림돌로 작용할 수 있겠지만, 예를 들어 2022년 미국의 인플레이션감축법안IRA 발표 이후 현시점에서 살펴보면, 한국 경제에 미친 장단점을 모두 정확하게 평가하기에는 어려움이 있다. 한·미·일 협력의 큰 틀을 유지하면서 개별 사안에 대해서는 양자 및 다자를 통한 해결 방안을 동시에 모색하는 노력이 필요해 보인다.

한·미·일은 또한 포괄적 안보 차원에서 여성과 소외계층을 위한 포용적인 경제 구축, 삼국 청년 간 유대 강화, 청정에너지 전환 가속화, 개발금융기관 협력을 통한 인프라 회복력, 지속 가능한 경제 성장을 위한 금융시장 촉진, 다자개발은행을 통한 지구적 문제의 해결, 특히 빈곤 퇴치를 위한 재원 확대 등을 약속했다. 요약하자면, 오늘날 국제사회가 직면한 도전들은 어느 특정 국가의 노력과 해법만으로는 해결될 수 없다는 점을 분명히 밝히고 있다. 전형적인 협력안보cooperative 개념을 실천하겠다는 비전인데, 과거 관행적으로 작동하는 개별 정부의 정치적 책임감accountability은 시대의 변화에 따라 크게 변하고 있다. 개개인의 다양한 이익과 이해관계는 개별 정부가 혼자서 감당하기 어려울 뿐만 아니라, 개별 국가는 지구촌 문제를 해결하기 위한 각자가 지닌 고유한 역량을 보유하고 있다. 한·미·일 삼국은 캠프 데이비드 선언을 통해 협력 정신과 역량 공유를 약속했고, 특히 미래 이슈에 대한 삼국의 국제적 책임감은 향후 더욱 커질 전망이다.

3. 한·미·일 협력과 소다자주의

한·미·일 삼국 협력은 '소다자주의minilateralism' 차원에서도 중요한 의의가 있다. 물론 한·미·일 삼국 협력이 인·태 지역에서 이미 작동하고 있는 다른 소다자주의 협력체처럼 제도적 수준을 끌어올릴 수 있을지는 아직 판단하기 이르다. 또한 3국의 정책 당국이 '소다자 협력'이라는 제도적 장치를 미리 염두에 두고 협력 구상을 시도한 것도 아니라 하더라도 상당한 의미가 있다. 미국은 태평양 전쟁 이후 원래는 동아시아에서 다자주의 안보 제도를 만들고자 시도했지만, 실제로 유럽과는 달리 동아시아에서 어떤 이유로 집단안보 체제가 태어나지 못했는가에 대해서는 지금까지 많은 연구가 이뤄져 있다. 미국이 개별 동맹 상대국에 대한 정치력 극대화를 위해 양자동맹 체제를 선호했다든지, 일본 제국주의의 영향으로 인해 특히 이승만 대통령의 리더십이 일본을 포함한 집단안보를 거부했다든지, 혹은 미국이 냉전 초기에 중국에 대한 관여의 정책 노선을 일부 유지하고 있어 중국을 자극할 수 있는 반중 집단안보 체제를 주저했다든지 등과 같은 다양한 견해와 분석이 존재한다.

관련하여, 미국은 우크라이나 전쟁 이후 나토와의 안보 협력을 재설정하고 있는데, 동아시아 지역 안보와 유럽 지역 안보를 연계시키는 옵션이 대표적인 사례이다. 나토 정상회의에 한국, 일본, 호주, 뉴질랜드 등 미국의 핵심 동맹국들이 참여하고, 특히 사이버 영역 안보 정책에 나토와 아시아 4개국이 함께 참여하면서, 점차 유럽과 아시아의 동맹 체계가 연결되었다. 미국의 입장에서 대만은 동아시아 안보의 핵심 어젠다이고, 결과적으로 한국과 일본, 그리고 호주의 대만 사태 관련 안보 지원은 매우 중요한 사안이 되었다. 우크라이나 전쟁을 겪으면서, 우크라이나 주변 나토 국가, 대표적으로 폴란드가 우크라이나를 지원하는 핵심 역할을 한 사례와 매우 유사하다고 하겠다. 이러한 배경에서 캠프 데이비드 한·미·일 안보 협력의 소위 구조적 심화 가능성에 대한 이슈는 논란의 대상이 되기도 했다. 실제 캠프 데이비드 삼국 정상회담 이후, 언론은 대만 사태를 염두에 둔 한·미·일 삼국 간 안보 협력에 대한 많은 질문을 제기한 바 있다. 이에 대해 3국은 이 문제를 정면으로 다루고 있지는 않지만, 중국의 군사력 사용에 대한 통합 억제를 강화한다는 차원에서 한·미·일 안보 협력의 의의를 찾을 수 있을 것으로 해석된다.

또 다른 한편으로, 한·미·일 협력이 지역적으로도 동남아 및 지구 차원의 문제를 두루 포괄하는 새로운 다자협력 방식을 채택했다는 특징이 있다. 국가들의 상호 협력은 특정 안보 위협에 공동으로 대응한다는 목적이 있지만, 동시에 협력을 통해 국제질서를 공고히 함으로써, 국제질서의 모범을 제시한다는 목적도 가지게 된다. 앞서 설명한 바와 같이, 현재의 국제질서는 불안정한 상태이고, 이를 위한 새로운 다차원적 협력기제를 만들 필요가 있는데, 이러한 과정에서 소다자 협력이 중요한 방식으로 떠오르고 있는 것이다.[19] 이러한 맥락에서 한·미·일 협력은 협력의 방식에 있어서 지역 소다자주의 협력이라

---

19 Nilson-Wright, 2017.

는 점에 주목할 필요가 있다. 소다자주의 방식의 협력은 상호 간 의무 내용이 명확한 조약 형식이 아니라 각 사안별로 유연하게 대응할 수 있는 협력체라는 부분에서 고유한 장점과 정체성을 가진다. 최근 들어, 미국은 동아시아 지역에서 기존의 바큇살 동맹 체제가 아니라 쿼드QUAD와 오커스AUKUS와 같은 소다자 협력을 강화한다는 사실은 잘 알려져 있다. 소다자 협력은 어젠다 설정이 자유롭고, 상황에 따라 민첩한 대응이 가능하며, 참여당사자 국가에 부담을 안기지 않는다는 차원에서 위 맞춤형 대처가 요구되는 안보 협력에 유리한 방식이다.[20] 이렇게 볼 때 한·미·일 삼각 협력은 비단 동맹 체제의 연결이라는 성격보다는 소다자 협력의 특징을 함께 가지는 정체성을 강조하고 있다.

Ⅳ. 한·미·일 3국 협력의 향후 도전

1. 한국의 국가 정체성

한·미·일 협력 관련하여 한국의 입장에서 직면하는 어려움은 다음과 같다. 첫째, 한·미·일 안보 협력이 한국의 외교안보 이익에 큰 의의가 있는 것은 사실이지만, 견고한 국내 정치적 지지를 전제로 하지 않

---

20 Brown, 2023.9.11.

는다면, 협력의 동력은 쉽게 약화될 수 있다. 한·미·일 협력이 궁극적으로는 한국의 국익과 맞닿아 있다고 하더라도, 국민들이 체감할 수 있는 구체적인 국익과 연결되지 않으면, 외교 정책상의 이러한 로드맵은 국내 정치적 지지를 얻는 데 실패할 수도 있다. 같은 맥락에서 미국의 대통령 선거와 같은 이슈는 미국 국내 정치의 변화에 따라 한·미·일 삼각 협력이 크게 영향을 받을 수도 있음을 시사한다. 한·미·일 삼각 협력은 한일관계 개선이라는 문턱을 넘었기에 가능했지만, 여전히 한국 내에서는 한일관계에서 넘어야 할 과제가 산적해 있다. 안보 전략적 차원에서 미래의 세계 질서를 놓고 한일 양국이 전략적 공감대를 어떻게 유지하느냐가 관건이다.

둘째, 한·미·일 삼국 협력이 중국과 러시아, 북한을 배제하는 배타적 지역 질서 추구의 상징이 되어서는 안 될 것이다. 최근 미국은 대중국 관계에서 전면적인 탈동조화decoupling보다 위험 감축의derisking 패러다임으로 전환하고 있는 상황이다. 대부분의 유럽 국가들과 심지어 일본마저도 경제 관계에서 유연하고 실용적인 대중 관계를 유지하고 있다. 러시아의 현재 입지가 불안정한 가운데, 장기적으로 러시아를 국제질서에 안착시켜야 하는 과제도 만만치 않다. 무엇보다 한국은 북한의 완전한 비핵화라는 목표를 실천하고, 이 과정에서 우리 정부의 주도권이 행사되도록 적극적으로 노력해야 한다. 한·미·일이 배타적인 안보 협력체제로 비추어질 때, 북·중·러 간 연대는 더욱 강화될 것이다.

셋째, 현재 국제사회에서 소위 글로벌 사우스Global South 국가들의 위상은 날로 강화되고 있다. 2023년 8월 한·미·일 삼각 협력이 구체화될 즈음 거의 동시에 남아프리카공화국에서 브릭스 회원국이 11개국으로 거듭난 사실은 매우 중요한 의미가 있다.[21] 글로벌 사우스 국가들은 미국 주도의 세계질서에 비판적 입장을 견지하며, 국제질서가 다양한 국가들의 목소리를 반영하는 민주성을 강화하기를 희망하고 있다. 자유주의 국제질서는 앞으로도 진화해야 하기에 한·미·일 협력이 인류 보편적 이익과 가치를 증진하는 플랫폼이 되어야 할 것이다.[22]

2. 인도·태평양 전략

한·미·일 협력의 가장 상징적인 의미와 실천은 인도·태평양 전략 차원에 있다. 관련하여 한국의 인도·태평양 전략은 미국, 일본을 비롯한 다른 국가들의 인도·태평양 전략 및 동맹들과 공유점도 있지만 차이점도 명백하다. 기본적으로는 인도·태평양 지역에서 자유주의 국제질서를 더욱 강화하자는 목적이고, 무력에 의한 현상 변경을 막고, 기존의 자유주의 질서 규범을 안착시키는 인도·태평양 지역을 건설하자는 것이다. 태평양 전체와 인도, 그리고 인도양을 포함한 전략 공간이 한국의 이익에도 매우 중요하고, 다른 지역에 비해 상대적으로 중요한 지역이라는 점에도 이론의 여지는 없다. 그러나 인도·태평양이

---

21 연합뉴스, 2023.8.24.
22 Blanchette & Johnstone, 2023.6.24.

라는 전략 공간이 중국의 부상을 견제하는 인도와 아시아 국가들의 연합, 혹은 비자유주의 세력을 배제하는 인도·태평양의 '해양 민주주의 국가의 연대'라는 정체성을 가지게 된다면, 한국이 선뜻 동의하기 어려운 것이 사실이다. 한국은 미국 주도의 자유주의 국제질서 안에서 성장했고, 이제는 미국이 더 이상 효율적이고 독자적인 리더십을 발휘하기 어려운 상황에서, 새로운 자유주의 질서의 진화를 위해 한국이 적극 참여해야 하는 점은 명백하다. 나아가 그 바탕이 되는 지역적 차원은 아시아와 태평양 지역이며, 중동과 인도를 포함한 지역 역시 한국 이익에 핵심적으로 부합하는 지역이라는 사실도 분명하다.

특히 에너지 수입과 관련된 수송로의 보호는 한국의 국익에 핵심적이다. 만약 미국의 동맹 체제가 수송로 보호에 한계를 보이고, 중국과 수송로를 둘러싼 지정학적 해양 경쟁의 시대에 돌입한다면, 한국은 독자적인 노력을 통해서라도 이 지역의 해상 안보를 확보할 수밖에 없는 상황이다. 그러한 점에서 인도·태평양의 개방성과 규칙기반의 원칙을 추구하는 데 미국 및 일본과 힘을 합쳐야 하는 것은 중요한 사실이다. 따라서 향후 한·미·일 협력 제도화 과정에서 한국이 처한 지정학적 특수성이 효과적으로 잘 반영되어야 할 것이다.

3. 캠프 데이비드, '새로운' 협력 모델

한·미·일 삼국은 각자 고유한 국가 정체성과 이익은 다르지만, 국제질서 혼돈기를 맞이하여 다양한 의제들에 대해 협력하는 것이 공동의 이익에 부합함은 물론, 보다 안전하고 평화로운 인·태 지역과 세계질서를 구축하는 데 도움이 된다고 판단했다. 특히 국제질서 혼돈기에는 국제관계에 있어서 가치와 규범적 측면을 강조하는 경향이 있으므로, 캠프 데이비드 합의는 가치기반의 국제질서를 강조하는 정신이고, 동시에 이제 어느 한 국가가 국제사회의 다양한 과제들에 대처하기 어렵다는 현실적인 이해관계의 공유이기도 하다.

지금까지 미국과 일본을 상대로 한 외교에서, 예외가 없었던 것은 아니지만, 한국은 상대적으로 약소국의 입장에서 주도적으로 외교 어젠다를 제시하는 데 어려움이 있었던 것이 사실이다. 캠프 데이비드 선언은 우리 정부가 한국의 주요 파트너 국가는 물론, 국제사회를 향해 적극적으로 한국의 역할을 설계하고 제시한 소위 '능동 외교'의 연장선에서 이뤄졌다. 물론 대만 문제, 남중국해 문제, 한중 경제 관계 등에서 우리의 이익이 미국 및 일본과 일부 다를 수 있지만, 이 지역을 대표하는 가장 앞선 민주주의 국가들의 연대라는 차원에서 시사하는 바가 매우 크다. 정상 간 합의가 제도적 차원의 실천으로 전환되기까지는 많은 추가적인 노력이 필요한 것이 사실이고, 북·중·러 협력과 같이 극복해야 할 과제도 작지 않다. 하지만 어렵게 출범한 한·미·일 소다자주의 협력은 국제 안보의 불안정성이 높아지는 현실에서, 새로운 국가 간 협력의 모델이 될 수 있을 것이다.

박인휘

이화여자대학교 국제학부 교수로 재직 중이다. 미국 노스웨스턴대학교에서 정치학 박사학위를 받았으며, 워싱턴대학교 잭슨국제대학원 방문교수, 통일준비위원회 전문위원, 청와대 안보실 자문위원, 한국국제정치학회장 등을 지냈다. 현재 통일미래기획위원회 위원, 총리실 정부정책 평가위원, 경제인문사회연구회 기획조정위원 등으로 활동 중이다. 미국의 대아시아 및 대북 정책 연구에 관심을 두고, 한반도 문제 해결을 위한 연구를 지속하고 있다. 주요 논문으로는 "Sino–Japanese Relations and Diversifying Korea's National Interests"(in *The Koreas between China and Japan*, 2014), "한반도 안보-안보 부재의 정치학"(2011), 주요 저서로는 『영-미 사례를 통한 미-중 패권 전환 가능성 분석』(편저, 2024)이 있다.

제2장

한·미·일 삼국의 안보 협력 60년사: 역사의 차원

최용

I. 한·미·일 삼국 협력체제의 출범 배경

2024년 현재 한미상호방위조약 체결 이후 71년이, 미일안전보장 조약 체결 이후 73년이, 그리고 한일기본조약(한일 국교 정상화) 체 결 이후 59년의 시간이 지났다. 여러 학자들과 정치인들이 설명하듯, 한·미·일의 협력관계 역사는 눈에 띄게 장기간 이어지고 있다. 그러 나 한·미·일 삼국은 그 협력의 역사만큼이나 반목과 갈등의 역사가 길 었다. 탈냉전기 중국의 부상 이후 한·미·일 각국의 국제경제와 외교 의 셈법에 있어서 중국이 중요한 역할을 하게 된 것은 사실이다. 그 럼에도 불구하고 여전히 이들 삼국은 각자에게 가장 중요한 파트너 이며, 이들의 대외전략은 각국의 외교정책 결정의 주요 변수로 작 용하고 있다. 본 장에서는 이렇듯 긴 세월을 이어온 한·미·일 국제관계의 과거를 되짚어보고, 삼국의 협력과 반목의 원인 그리고 그러한 경험들이 현재 삼국 관계에 어떠한 영향을 주고 있는지를 살펴볼 것이다.

1950년 6월 25일에 발발하여 1953년 7월 27일까지 지속된 한국전쟁은 한·미·일 삼국의 전략과 상호관계에 대한 시각을 완전히 바꿔 놓았다. 한국전쟁 이전 시기 삼국 관계는 신뢰와 협력보다는 의심과 분열 양상에 가까웠다. 한국은 미국의 신탁통치에 반발하는 입장이었으며, 초대 대통령 이승만은 미국에서 오랜 시간을 보낸 경험이 무색할 정도로 미국 정부와 대북정책과 관련하여 충돌하였다.[1] 미국은 한반도 분쟁에 직접 개입을 꺼렸으며, 48년 군사고문단을 남긴 후 대부분의 군대를 철수하였다.[2] 그러나 한국전쟁이 진행되는 동안 미국 내 공산주의 확대에 대한 우려가 도미노 이론의 형태로 확산되자 이승만 정부와 적지 않은 마찰에도 불구하고 한미상호방위조약을 체결하기에 이른다.[3] 한국전쟁 이전까지 2차대전 패전과 전범국가 낙인으로 인해 일본은 미군정GHQ: General Hear Quarters 통치 하에 일본의 공격적 팽창정책의 원인으로 지적된 재벌 및 군부 해체와 농업국가화가 진행되었다. 그러나 한국전쟁 발발 이후, 미국은 일본의 전략적 가치를 재고하여 일본의 무장해제와 농업국가화 정책을 중단하였다.[4] 1951년 9월 일본과 연합국 간 체결된 샌프란시스코 강화 조약과 미국과 일본

---

1 김계동, 2019, pp.27~56.

2 대한민국 국회, 1948.11.19.

3 "American Foreign Policy 1950-1955," 1957.

4 최운도, 2020, pp.257~282.

이 체결한 미일안전보장조약은 이러한 미국의 시각이 반영되어 일본의 재무장이 허용되고, 강대국으로서의 지위를 상당 부분 회복할 수 있었다.

하지만 이러한 한미, 미일 간의 극적인 관계 변화와 협력 증진과 달리 한일 간의 관계 회복과 협력은 단기간에 진행되지 않았다. 좀 더 정확히 기술하자면, 한국전쟁으로 인해 동아시아 지역에서 미국을 중심으로 한 안보 협력체계가 성립하였지만, 미국을 사이에 둔 국가 간의 협력은 과거의 역사 및 영토 문제 등으로 인해 제대로 논의되지 않았다. 샌프란시스코 조약 이후 미국은 본격적으로 한·미·일 삼각 협력체제 정립에 앞서서 한일 간의 국교 정상화를 요구하였다. 그러나 일본의 한국에 대한 부정적 인식과 이승만의 강경한 대응으로 인해 한일 간의 수교는 해방 후 20년이 지난 1965년에서야 합의되었다.[5] 1961년 쿠데타로 집권한 한국의 박정희는 정당성 확보를 위해 미국과의 관계 개선에 집중하였고, 자연스럽게 미국이 지속적으로 요구해 온 일본과의 국교 정상화에 적극적으로 나섰다.

65년의 한일 수교는 양국 국민들, 특히 식민지 치하에 고통받았던 한국 국민들의 반발에 직면하였다. 그러나 현실주의적 관점의 박정희 정권은 한국 국민들의 시위를 진압하면서 한편으로는 일본과의 국교 회복을 통한 이익을 강조하였다. 결과적으로 한국은 인도차이나에서의 새로운 전선에 집중하여 점차 줄어드는 미국으로부터의 원조를 대체할 수단을 확보하였다. 한일 수교의 조건으로 일본은 한

---

5 빅터 D. 차, 2004, p.51.

국에 독립축하금 명목의 원조를 제공하였고, 한국 정부는 경제개발과 이를 통한 군사력 건설에 필요한 재원을 확보할 수 있었다.[6] 한편 일본은 한국과의 오랜 갈등을 상당 부분 해소하고 한국의 군사력 건설을 지원하면서 경제개발에 더욱 집중할 수 있는 안보 환경을 조성할 수 있었다. 즉, 1960년대 중반 이후 한·미·일 삼각협력체제가 확립되기 시작하면서 각자의 역할이 분명해지는 분업화가 진행되었다. 미국은 한국과 일본이 경제개발과 군사력 건설에 집중할 수 있는 거시적 안보환경을 조성하였고, 일본은 한국의 군사력 건설에 필요한 재원을 제공하였다. 한국은 미국이 베트남전쟁 등 다른 지역의 분쟁에 집중하는 동안 생긴 동북아 군사력 공백을 메우는 역할을 맡게 되었다.

한일관계는 역사문제로 인한 국민감정의 관점에서는 여전히 적대적인 부분이 남아 있었다. 하지만 이 시기에 현실주의적 관점에서 안보 협력의 토대를 쌓아 올리기 시작했다. 군사력 건설에 법률 및 국내 정치적 제약이 심각한 일본과 군사력 건설이 다급하지만 필요한 재원이 부족한 한국의 관계는 여러 불편한 감정적 문제에도 불구하고 이성적인 틀에서 균형을 잡아가기 시작했다. 다음 장에서 설명하듯이 1970년대 한일관계는 미국의 정책 변화를 통해 여러 차례 위기를 맞이하게 되지만 서로를 필요로 하는 구조적 이유로 인해 갈등을 봉합하고 80년대 한·미·일 협력체제의 황금기를 열 수 있었다. 이는 김대중 납치-문세광 육영수 여사 저격 사건 등 냉전기 한일관계 최악

---

6 빅터 D. 차, 2004, p.56.

의 사건으로 인한 양국의 충돌에도 불구하고 관계가 유지될 수 있었던 이유이다.

Ⅱ. 데탕트 시기 미국의 전략변화와 한일의 협력과 반목

1968년 1월 북베트남의 구정 공세Tet Offensive로 인한 남베트남과 미군은 심각한 피해를 입게 되었고, 이는 베트남전쟁을 추진한 Lyndon Johnson 대통령의 재선 캠페인 포기로 이어지게 된다. 미국은 이후 Richard Nixon 대통령의 취임 이후, 닉슨 독트린을 발표하는 등 아시아에 대한 개입을 줄이고 중소분쟁을 틈타 중국과의 관계 개선에 나서게 된다. 이러한 미국을 포함한 서구권은 공산권과의 대화와 화해를 통한 평화 공존의 길을 추진하는 등 데탕트detente 시기에 접어들게 된다. 하지만 미국의 급속한 대외전략 변화는 한국과 일본 등 공산권의 위협에 직접 노출된 동맹국들이 방기의 위협을 느끼게 하였다. 특히, 박정희 정권은 베트남전쟁 참전 등 그동안 추진해 온 강력한 반공정책으로 인해 북한과의 갈등이 지속적으로 고조된 상황이었고, 실제로 1968년 1월 말 미국 스파이함인 푸에블로호 납북 사건과 그 이후 지속된 북한의 군사 도발 행위로 인해 안보 불안에 시달렸다. 이러한 상황에서 한국 정부는 닉슨 행정부에 닉슨 독트린에서 한국을 제외해 줄 것을 요구하였다. 그러나 닉슨은 이러한 한국의 요구를 일견 수용할 듯한 모양새를 갖추었으나, 주한미군 철수 추진과 한국에 북

한과의 대화를 요구하는 등 기존의 데탕트 기조의 동아시아 정책을 강행하였다.[7]

한편 일본의 사토 내각 역시 중국의 핵무장, 인도차이나의 반공전선 위축과 북한의 군사도발 등으로 인해 한국 정부와 입장을 같이하였다. 한일은 1972년에 예정된 오키나와 반환을 앞두고 협의를 시작하였다. 오키나와섬은 태평양전쟁 중 미국에 의해 점령된 채 미군 기지가 지어지면서 미국의 서태평양 지역의 군사 거점으로 활용되고 있었다. 하지만 원칙적으로 일본의 영토이기에 72년에 미국이 일본에 반환하기로 되어 있었는데, 반환 교섭에 있어서 쟁점은 체제 중인 미군(핵무기 포함)의 거취와 역할 문제였다. 사토 내각은 국내의 반핵 정서로 인해 핵무기는 철수하는 것으로 하였지만, 주일미군의 철수에는 반대하는 입장이었다. 한편 닉슨 행정부는 주일미군 철수 역시도 고려 대상이었기에 한국과 일본은 이러한 부분에서 강경하게 반대하는 입장을 공유했다. 1969년 4월 한일 정책결정자들은 오키나와 반환에 있어서 한국의 안보를 고려할 것에 대해 합의하였다. 그리고 1969년 11월 사토 수상과 닉슨 대통령 간의 미일 정상회담에서 한국과 타이완 등 미국과 일본의 우방 안보를 위해 오키나와에 주일미군을 계속 주둔한다는 조항을 삽입하였다.[8] 또한 이를 보충하기 위해 한국의 안보가 일본의 안보에도 중요하다는 내용을 추가하였다.[9] 이

---

7 닉슨 독트린 발표 이후 한미의 갈등에 대한 자세한 내용은 Choi(2020), pp.69~72 참조.

8 한국 조항 삽입에 관한 미일의 논의는 Library of Congress, Manuscript Division, Kissinger Papers(1969) 참조.

9 U.S. State Department, 1969.12.15.

러한 부분은 한국의 외교부에서 긍정적으로 논평하는 등 한일이 협력을 통해 미국의 정책적 변화를 끌어낸 대표적 사례이다.[10]

하지만 이러한 한일의 작은 '데탕트'는 오래 가지 않았고, 다시 한번 갈등의 시기를 맞이하였다. 한일은 공산권의 위협과 미국으로부터의 방기의 위협에 함께 노출되었지만, 분명한 입장 차이가 있었다. 한국이 이승만-박정희 정부로 이어지는 강경한 반공 사상과 정책에 경도되어 있는 반면, 일본은 공산국가들에 대해서 직접적으로 대립각을 세우지 않았다는 점이다. 한국은 미국이 주도한 새로운 흐름에 적응하는 것에 어려움을 겪었으며, 7.4 공동성명 등 북한과의 대화 노력에도 불구하고 근본적인 관계 개선에 실패하여 북한과 군사 충돌을 이어갔다. 이러한 부침은 국내 정세와 한미관계에도 영향을 미쳤다. 72년 박정희는 국제질서 재편에 의한 정권 불안정성을 우려하여 유신체제를 선포했고, 미국은 이러한 철권통치 행태에 비판적이었다.[11] 하지만 일본은 1956년에 이미 소련과 외교관계를 회복하였다. 또한 사토 내각을 이은 다나카 내각 시기에 적극적으로 아시아 데탕트 기조를 수용하여 한·미·일 가운데 가장 빠르게 1972년 중국과 국교 정상화에 성공하였다. 이러한 일본의 정책 변화에 대해 한국은 '기회주의적'이라 평가하며 비판적인 입장을 취하였다.[12]

1973년과 74년 한일 양국은 최악의 해를 맞이했다. 일본의 다나카

---

10   동아일보, 1969.11.22.

11   Choi, 2020, p.92.

12   빅터 D. 차, 2004, pp.176~84.

내각은 공산권과 화해를 시도하는 등 데탕트에 적응하고 있었으나 전술한 대로 한국 정부는 북한과 화해를 할 의도가 거의 없었다. 오히려 데탕트 분위기에 의해 박정희 정권에 대한 국민의 지지가 약해진 것이라는 판단 하에, 민주헌법을 부정하는 유신체제를 구성했으며, 더 나아가 지난 대선에서 박정희를 압박했던 김대중 후보를 1973년 8월에 일본에서 납치하였다. 김대중은 미국 정부의 개입으로 목숨을 건지고 가택연금 되었지만, 일본 영토에서 일으킨 한국 정부의 폭거에 다나카 내각은 격노하였다.[13] 이는 공산권과 화해를 추진하는 동시에 한국에서 공산권과 화해를 주장하여 사상범으로 찍힌 김대중의 망명을 받아준 다나카 내각에 대한 사상적 도발이나 다름없었기 때문이다. 한국의 국무총리였던 김종필이 방일하고 사죄하여 최악의 상황으로 이어지지 않았으나 양국 관계는 급속도로 냉각되었다.

그리고 1년이 지난 74년 8월에는 재일교포 출신인 문세광이 광복절 행사에서 박정희를 암살하려다 영부인인 육영수 여사를 사살하는 사건을 일으켰다. 문세광은 일본에서 북한 간첩에 의해 포섭되었고 일본 정부에서 발급한 일본 여권으로 한국에 입국하였다. 그리고 사후 일본 내 수사도 제대로 진행되지 않았다. 결국 이번에는 한국 측에서 이를 문제시 삼아 단교 위기에 이르렀다. 이번에는 일본 측에서 한국에 사과하는 상황이 되었다.[14] 결국 73, 74년 두 사건은 한일관계가 미국과의 관계라는 추진력이 없이는 언제든 틀어질 수 있는 불안한

---

13 빅터 D. 차, 2004, pp.197~205.

14 빅터 D. 차, 2004, pp.205~211.

존재라는 점을 각인시켜 주었다.

Ⅲ. 냉전 후기 삼국 안보체계의 구성과 갈등의 구조화

한국은 일본과의 충돌뿐 아니라 미국 포드 행정부와도 핵무기 프로그램 개발로 인한 갈등을 겪기도 하였다. 그러나 포드 행정부가 전임 정부인 닉슨 행정부와 달리 아시아 동맹들의 안정을 우선한 개입주의적 정책을 펼치면서 한국과 원만한 핵무기 개발 중단 합의를 이룰 수 있었다.[15] 무엇보다 1975년 4월 남베트남의 패망으로 인한 공산주의 위협에 대한 공통된 인식이 한·미·일 등 자본주의 진영의 결집을 도왔다. 한일 간의 관계 역시 데탕트 시기가 저물기 시작한 1974년 12월 미키 다케오가 다나카 가쿠에이를 이어 일본 수상이 되면서 다시금 협력 기조로 돌아서기 시작했다. 박정희 정부와 미키 정부는 동남아의 공산주의 위협이 동북아로 전이될 수 있는 상황을 우려했고, 위기의식을 함께했다.[16]

그리고 이러한 한일의 공통된 위기의식은, 1976년 코리아게이트 사건이 미국에서 공론화되고, 지미 카터가 당선되어 주한미군 철수 공약(정확히는 주한미군 지상전력 철수 및 해공군 위주 재편)을 현실화하려 하자 최고조에 달하기 시작했다. 1977년 취임한 카터 대통령

---

15 한국의 핵무기 개발과 한미 간의 비핵화 합의에 관한 자세한 내용은 Choi & Lee(2003) 참조.
16 『요미우리 신문』, 1996.11.6., 빅터 D. 차, p.232에서 재인용.

은 전임자들과 완전히 다른 관점에서 미국의 동아시아 정책을 바라보았다. 많은 전임 대통령들이 한국전쟁 이후 주한미군의 단계적 감축을 추진했고 닉슨 역시 데탕트 시기 주한미군 철수를 추진하고 일부 실행하였다. 하지만 이들의 경우 한국 국내 정치 문제가 아닌 미소와 미·중 충돌 완화 등 국제정치의 구조적 변화를 고려하여 주한미군 철수를 주장하였다. 그러나 카터의 경우 한국의 비민주적이며 인권을 존중하지 않는 박정희 정부의 통치 체제를 문제시 삼았으며, 이를 근거로 주한미군 철수를 계획했다. 카터는 주한미군 철수를 원치 않는다면 박정희 정부가 미국의 요구를 수행해야 한다고 주장하였다.[17]

박정희 측은 카터의 요구에 대해 북한 등 공산주의 국가의 인권 유린에 대해서는 거론하지 않는 이중성을 성토하였으나, 이렇다 할 움직임을 취하지 않았다. 한국 내 인권 문제 해결을 위한 조치가 취해지지 않을 시 추진될 주한미군 철수에 있어서도 박정희 정부는 '불반대' 원칙을 고수하며 과거와 달리 초연한 모습을 보였다.[18] 그러나 이는 닉슨 시기 박정희의 강경한 반대에도 불구하고 주한미군 철수가 예정대로 진행되었다는 점을 고려한 일종의 연막이었을 가능성이 높다. 한편으로는 한국 정부는 주한미군 철수 저지에 있어서 가장 강력한 명분을 지닌 주한미군과 일본 정부의 협력을 확보하였다. 주한미군은 과거와 달리 국제정세가 불안정한 상태에서 지상군 철수계획에

---

17 대한민국 외교사료관, 1979.

18 "Singlaub Challenge Begins to 'Draw The Line' On Carter War Policy," 1977.5.31.

반발하여 박정희 정부에 적극적으로 협력하며, 공개적으로 카터의 계획을 비판했다.[19] 그리고 미국에 있어서 동아시아 내 가장 중요한 동맹국인 일본이 지속적으로 주한미군 철수에 대한 우려를 표시하였다. 이러한 주한미군과 일본의 반대는 미 의회의 반대, 그것도 카터가 소속된 민주당 의원들까지 주한미군 철수 법안에 비판적인 입장을 취하는 것에 대한 논리적 근거가 되었다.[20] 이렇듯 70년대 후반 미국으로부터의 방기의 위협에 대해 한일은 다시 한번 한일 협력의 메커니즘을 작동시켰다.

박정희 대통령이 사망하고, 한국이 혼란에 빠진 1979년 12월, 소련이 아프가니스탄을 침공하자 다시 한번 미국은 공산주의에 대한 경계를 강화하기 시작했다. 이에 1980년 로널드 레이건이 지미 카터의 뒤를 이어 대통령에 당선되었고, 미국은 한국과 일본과의 안보 협력 체계를 강화하기 시작했다. 레이건 정부는 1970년대 전반적으로 약화된 동아시아 동맹국들에 대한 안보 공약을 강화하며 아시아 지역에서의 미군의 역할을 분명히 하였다. 하지만 동시에 1980년대는 무리한 군비경쟁으로 인한 정부지출 증가와 누적된 무역적자로 인해 미국의 경제적 어려움이 부각된 시기이기도 하였다. 미국은 한국과 일본에 대한 안보를 보장하면서도 양국에 새로운 역할을 부여하는 시기이기도 하였다. 이에 따라 한국은 지상전력 그리고 일본은 해·공군전력을 미국의 필요에 맞게 강화하고 재편하였다. 특히, 일본은 나

---

19 지미 카터의 철군 정책 철회를 위한 주한미군과 한국의 협력 및 한일 간의 외교적 협력에 대해서는 Choi(2017), pp. 945~951 참조.

20 Lee & Sato, 1982, pp.107~110.

카소네 내각 시기 동맹 강화와 군사력 강화 등 이후 2000년대에 나타나는 본격적인 보수주의적 안보 정책을 도입하였다. 미국을 중심으로 한 한·미·일 관계는 이렇듯 본격적인 분업화의 양상을 띠게 되었다. 그리고 한일 양국의 지휘부를 중심으로 한일 양자협력도 강화된 시기였다.[21]

또한 1980년대에는 한미 및 미일관계에 있어서도 과거와 다른 양상이 벌어지기도 하였다. 1979년 호메이니 혁명으로 인해 미국의 적성국이 되어버린 이란과 한국과 일본은 이란-이라크전쟁 시기에 많은 경제 교류를 진행하였다. 심지어 미국의 여러 핵심 정부 부처들은 한국이 이란에 탄약 등 군수물자를 제공한 것을 의심할 정도로 한국과 이란은 긴밀하게 경제관계를 이어 나갔다.[22] 일본 역시 잠수함에 필요한 첨단장비를 소련에 수출한 사실이 밝혀지는 등 동맹국 간에 불화의 요인이 될 만한 사건들이 발생하였다.[23] 그러나 한국과 일본이 미국의 군수산업에 큰 도움을 주고 있고, 불화보다는 협력의 요인이 더 많았던 시기였던 만큼 이러한 문제들은 한미 및 미일 관계에 큰 영향을 끼치지 않았다.

그러나 반대로 1980년대는 탈냉전기 이후의 한·미·일 관계의 새로운 갈등과 충돌의 구조가 형성된 시기이기도 하였다. 미국은 점차 한국과 일본을 경제적 측면에서 경쟁자로 인식하기 시작했으며, 플라

---

21 빅터 D. 차, 2004, pp.277~278.

22 Choi & Shin, 2017, pp.403~429.

23 빅터 D. 차, 2004, p.277.

자 합의 등의 조치를 통해 양국에 대한 경제적 압박을 강화했다. 레이건 행정부 시기 발생한 재정수지 적자 및 경상수지 적자는 신자유주의 기조의 레이거노믹스로 인한 정책 실패의 탓이 컸지만, 일본과 한국 등 대미무역 흑자를 기록하는 동맹국들에 비판의 화살이 향했다. 1988년 미국에 대한 불평등 불공정무역을 일삼는 국가들에 대해 광범위한 제재를 가할 수 있는 슈퍼 301조가 입법화되는 등 경제에 있어서 한미, 미일 간에 균열이 발생하고 있었다.[24] 즉 이 시기부터 미국은 한국과 일본을 더 이상 경제적으로 지원해 줘야 하는 대상으로 보지 않았다는 점이며, 더 나아가서는 한국과 일본이 미국의 안보 지원에 대한 대가를 지불해야 한다는 발상으로까지 발전하였다.

또한 일본이 다시 군사력 발전을 강조하면서 우경화 움직임을 보이는 점도 이 시기부터였다. 1980년대 초부터 과거 제국주의 역사에 대한 미화나 역사적 사실을 부정하는 행태가 한일 간의 민족 갈등으로 비화되는 문제가 대두되기 시작했다. 대표적으로 1982년 일본 역사 교과서에서 식민 지배 부분에 대한 생략이나 왜곡으로 인해 양국 간의 역사분쟁이 촉발된 사건이다. 또한 나카소네 수상의 야스쿠니 신사 참배 역시 큰 문제가 되었다. 야스쿠니 신사에는 2차대전 전범의 유골이 안치되었기에 과거 일본 수상 중에 그 누구도 수상 자격으로 이를 방문한 적이 없는데, 나카소네가 이를 수상 자격으로 공식 참배하면서 이후 일본 정치인들의 야스쿠니 신사 참배에 시작을 끊은

---

24 Ryan, 1995, pp.333~337.

셈이다.[25] 한일 정부 간 협력이 강화되고 지도자 간 교류가 많았다는 부분이 강했기에 정부 간 불화로 치닫지는 않았으나 잠재적으로 양국 갈등의 근원을 제공한 시기라 볼 수 있다.

한미 그리고 미일 경제관계와 마찬가지로 한일 간의 경제관계도 점차 달라지고 있었다. 1970년대까지 한국은 경공업 중심의 국가였으며, 제품 생산을 위해 일본으로부터 중간재를 수입했다. 그리고 80년대부터 빠르게 중화학 공업 및 첨단산업 중심으로 산업 재편에 들어갔다. 한국은 세계시장에서 기술력에 있어서 일본에 크게 뒤처져 있었으나, 80년대 중반 플라자합의 이후 시작된 엔화 고평가에 힘입어 가격경쟁력을 얻고 여러 산업에서 시장점유율을 빠르게 확대하기 시작했다. 즉, 1980년부터 한국과 일본은 세계시장에서 점차 상호보완적 존재에서 경쟁자로 서로를 인식하기 시작하게 된 것이다. 삼성과 현대 등 한국의 대기업은 소니, 파나소닉, 미쓰비시 등 기존 일본기업들의 위상을 점차 물려받기 시작했다. 양국 간의 경제력이 여전히 큰 차이가 존재하였지만, 일부 분야에서는 분명히 경쟁구도가 형성되었다.

이렇듯 냉전 후반 한·미·일 관계 국제질서는 빠르게 재편되었으며, 현재 한·미·일 안보 협력체계의 구조가 정의되기 시작했음을 알 수 있다. 미국은 한국과 일본을 미국의 아시아전략에 있어서 중요한 안보 자산으로 인정하기 시작했으며, 한국과 일본은 미국에 의존적인 모습을 어느 정도 탈피하여 발전된 경제력과 군사력으로 미국의 패권

---

25 빅터 D. 차, 2004, p.299.

유지에 공헌하였다. 또한 한편으로는 냉전 후반 시기는 삼국 간의 양자 간 혹은 다자간 갈등의 시발점이기도 하였다. 점차 한국과 일본의 경제력이 상승하면서 미국은 경제적으로 이 둘을 경쟁자로 인식하였으며, 불공정 무역거래국가로 규정하고 무역균형을 조정하려는 정책을 적극적으로 도입했다. 한국과 일본은 이 시기부터 역사문제로 인해 국민감정이 크게 나빠지기 시작했으며, 경제 구조의 유사성으로 인해 세계시장에서 경쟁자로 인식되기 시작했다. 이러한 갈등의 관계는 1990년대 들면서 어느 정도 정리되기 시작하였지만 2000년대 이후 각국의 국내 정치적 문제로 인해 한·미·일 삼국의 협력체계를 더욱 복잡하게 만들었다.

Ⅳ. 탈냉전과 한·미·일 관계의 재균형

1990년대 초 소련의 붕괴와 동구권 공산주의 정부의 해체는 한·미·일 관계에 새로운 전환점으로 다가왔다. 탈냉전기는 소련의 붕괴와 중국의 개혁개방으로 인해 미국에 대한 가장 큰 위협이 사라진 동아시아 지역에 대한 미국의 개입 축소로 이어졌다. 하지만 동시에 미국은 소련이라는 세계 패권을 나눠 가진 경쟁자가 함께 짊어졌던 글로벌 안보에 대해 오롯이 책임을 져야 하는 상황에 놓이게 된다. 이러한 상황에서 미국은 이제 한국과 일본을 지켜줘야 하는 대상에서 글로벌 안보라는 공공재 생산에 함께 참여해야 하는 파트너로 인식하고 그러한 역할을 요구하기 시작했다. 그리고 경제 분야에서는 경쟁자라는 인식이 고착화되었다. 일례로 1980년대에 이미 발생한 무역 분쟁의 여파는 90년대에 연장되고 더욱 심화하는 경향을 보이기 시작했다. 1988년에 입법이 추진된 슈퍼 301조 법안은 클린턴이 집권한 이후, 한국과 일본의 보호무역 및 자국 시장에 대한 보호조치 행태를 적극적으로 타파하기 위해 수차례 적용되었다.[26] 미국의 광대한 소비 시장을 만족시키기 위한 소비재 생산기지로의 역할은 이제 한국, 일본, 타이완 등에서 중국으로 옮겨갔고, 한일 두 국가는 이제 첨단 전자제품, 자동차 및 IT 등 국제경제를 주도하는 산업에 있어서 미국과 경쟁하는 대상이 되었다. 한편으로 미국은 한국과 일본에 주둔 중인 주한미군 체제 비용에 대한 분담금을 양국에 요구하였다. 냉전이 종식된 상황에서 미군을 한일 양국 영토에 유지하는 것은 미국보다 양국에 더 큰 이익이 되었다는 판단에 의해서다.

탈냉전이 시작되기 직전, 아태 지역에서의 새로운 안보환경을 조성한 것은 한국이었다. 한국은 그동안 축적한 국력과 중국의 개혁개방 이후 진행된 공산권과의 관계 개선 노력을 통해 소련의 아프가니스탄 침공 이후 답보 상태에 있던 국제질서에 변혁을 가져오기 시작했다. 1980년 모스크바 올림픽과 1984년 LA 올림픽이 반대 진영의 참여가 결여된 반쪽짜리 올림픽으로 끝난 반면, 1988년의 서울올림픽은 한국의 외교적 노력으로 인해 온전한 세계인의 축제로 열릴 수 있었다.[27] 그리고 이러한 노력은 북방정책이란 이름으로 동구권 국

---

26 Grier, 1992.

가와 연이어 수교라는 결실을 보았고, 1990년 한소수교 그리고 1992년 한중수교로 그 주요 목적을 달성하기에 이른다. 특히, 한중수교는 1972년 중일수교 그리고 1979년 미중수교에 비해 시기적으로는 상당히 느리지만 이후 괄목할 만한 한중 양국의 정치 및 경제협력으로 이어지면서 탈냉전기 동아시아 지역의 새로운 흐름을 가져왔다.[28]

반면 한국의 북방정책은 한편으로는 북한의 개혁개방보다는 공산권 내에서 외교적 고립과 폐쇄주의적 대응으로 이어지면서 북한 문제, 특히 북한의 핵무기 문제가 고착화되어 한·미·일 간의 갈등의 소지로 이어지는 문제를 낳기도 하였다. 소련의 붕괴로 인해 북한의 핵확산이라는 국제평화에 중대한 문제를 책임질 존재는 미국뿐이었다. 하지만 미국 역시 그 책임의 소재가 소련에 있었기 때문에 적극적으로 북핵 문제 해결을 위한 비용을 홀로 짊어지기를 거부하였다. 그리고 지속적 안보 위협에 노출된 한편 그 행동을 관리할 존재가 사라진 북한은 핵무기 개발에 거리낌이 없었다. 6자회담 등 협상의 추진력이 조금이라도 약해지면 북한은 핵 개발 의지와 능력이 충분함을 행동으로 피력했다.[29] 그리고 북한의 미사일 발사 실험과 6차에 걸친 핵실험에 노출된 한국과 일본은 미국에 불개입에 대응하기 위해 군사력 강화를 시작했다. 그리고 강화된 군사력은 2010년대 이후, 한일 양국의 갈등이 심화함에 따라 양국의 상호불신과 낮은 수준의 군사충돌

---

27 다만 중국은 1980년 모스크바 올림픽에는 불참하였으나 1984년 LA 올림픽에는 참가하였다.
28 1980년대 후반에서 1990년대 초반 한·미·일 국제관계와 한중수교에 관해서는 Hwang & Choi(2015), pp.557~578 참조.
29 Sigal, 1998, p.37.

로까지 이어지는 문제로 이어졌다.

일본은 탈냉전기 이후 국내외적으로 큰 전환기를 맞이했다. 1990년대 이후 일본은 더 이상 폭발적 성장을 하던 시기를 지나고 있었으며, 자민당의 압도적 국가권력 독점이 약화된 시기였다. 이로 인한 장기 경기침체 및 잦은 내각 교체는 일본 정치의 안정성을 약화시키기 시작했다. 그리고 일본은 국외로 군사력을 투사하라는 미국의 강한 요구에 직면하면서 냉전 시기 요시다 독트린과 평화헌법에 기초한 분쟁을 회피하고 경제개발에 집중한다는 대외전략의 근간이 흔들리고 있었다. 대표적으로 1991년 1차 걸프전쟁 시기에 미국은 일본의 파병을 요청하였으나 일본은 전투 병력을 파병하지 않았고, 대신 130억 달러(전체 전쟁 비용의 약 20% 정도)를 지불하였다. 하지만 미국 여론은 이에 대해 "수표 외교checkbook diplomacy"라고 부르며 비판적인 시선을 보냈다.[30] 미국은 줄기차게 일본의 변화를 촉구하였으며, 이는 일본이 헌법 9조(일명 평화헌법)의 해석을 달리하는 방식으로 그동안 금지된 자위대의 해외 파병을 제한적으로(평화유지활동: PKO)나마 가능하게 하는 결과로 이어졌다. 한편으로 자위대의 해외 파병이 가능하게 된 점은 국제사회에서 정식 군대로 인정을 받은 것으로 해석될 수 있었고, 한국은 점차 일본의 군사 대국화에 경계를 갖기 시작했다.[31]

하지만 일본 정치권의 상황은 전반적으로 자민당 독주에서 연립

---

30 Berger, 2004, pp.156~169.

31 유지아, 2019, p.72.

으로 나아가고 있었으며, 자위대의 정식 군대화나 군사 대국화에 대한 견제 기제는 여전히 작동했다. 더불어 1990년대 일본 정부는 의원내각제 연립내각의 특성으로 인해 상당히 잦은 내각(지도부) 교체가 있었지만, 전반적으로 한국과의 관계 개선 노력이 두드러지는 시기였다. 1993년 일본 중의원(하원) 선거제도는 기존 중선거구제에서 소선거구제와 비례대표제로 개편되었으며, 이는 자민당의 그간 '55년 체제' 이후의 독주에 제동을 걸었다. 이는 의원내각제 시스템에서 성격이 다른 정당과의 연립내각 형성으로 이어졌고, 기존에 나타나지 않았던 진보적 성격의 對한 정책이 시행되는 결과를 낳았다. 1993년 미야자와 내각 당시 고노 요헤이 내각관방장관은 위안부 문제에 대한 일본의 관여를 인정하는 고노 담화를 발표했으며, 1995년에는 역대 두 번째 일본사회당 출신 수상이었던 무라야마 도미이치는 무라야마 담화를 발표하여 일본의 전쟁범죄와 식민 지배를 사죄하는 등 한일관계의 개선을 위한 진보적 움직임이 나타났다.[32] 다만 여전히 자민당이 의회의 제1당을 움켜쥐고 있는 상황에서 이러한 진보적 성격의 정책은 지속적으로 이어지지는 못하였고, 2000년대 자민당 고이즈미 내각이 5년 이상 장기간 집권하면서 야스쿠니 신사 참배 문제, 독도 문제와 과거사 문제로 한국과 대립하면서 2020년 현재까지도 이어지는 대립구도가 점차 굳어지게 되었다.

한국은 1990년대 이후 두 개의 큰 축을 가지고 한·미·일 관계를 바라보게 되었다. 첫째는 핵 위협으로 탈냉전기 가장 큰 안보 위협으

---

32 남상구, 2023, p.156.

로 자리 잡은 북한에 대한 공동안보의 틀이다. 기본적으로 한국은 북핵 문제 해결에 있어서 미국의 역할은 필수적이라 생각하고, 북핵 문제에 접근하고 있다. 한국전쟁의 휴전협상은 북한-중국과 유엔군(미군) 간에 진행되었으며, 한국정부는 협정의 주체가 아니었다. 또한 북한의 핵억지력 확보 노력의 대상은 한국보다는 북한의 가장 큰 위협인 미국이었다. 따라서 한국 정부는 한반도 문제의 해결에 주체이면서도 미국의 역할을 무시할 수 있는 상황은 아니었다. 또한 한국이 북한의 핵위협에 노출된 상황에서 미국의 존재는 확실한 억지력을 제공했다. 하지만 일본에 대한 시선은 조금 달랐다. 6자회담 등 일본의 참여와 역할이 필요한 상황도 있었지만, 북핵 위협을 일본의 우경화와 군사 대국화의 수단으로 활용하며, 그 강화된 군사력으로 독도 문제 등 한국의 핵심 국익을 위협할 수 있다는 경계심이 존재하고 있다. 단순히 '적의 적은 친구'라는 현실주의적 논리보다는 '북한과 일본 모두가 한국에 위협' 혹은 '북한보다 일본이 더 큰 위협'이라는 위협 인식이 존재하고 있다.[33] 이러한 인식은 일본의 역사 인식 문제와 더불어 한국과 일본의 안보 협력체계를 구축하는 미국의 구상에 지장을 주고 있다.

둘째는 중국과의 경제교류에 대한 제약을 가하는 연루의 위협을 가하는 틀이다. 한국의 북방정책을 통한 한중수교 이후 한중관계는 2010년 중반까지 그 경제 및 정치적 협력에서 강화되는 추세를 보였

---

33 이러한 인식은 2018년도 일본 초계기의 한국 영공에서 한국 군함에 대한 저공위협 비행 사건에 대한 한국 정부와 사회의 반응에서 잘 나타난다. 다음을 참고할 것. 정민정, 2021, pp.353-384.

다. 안미경중安美經中이라는 신조어가 나타날 정도로 한국은 무역에 있어서 중국과 긴밀한 협력관계를 유지했다. 중국과의 경제 교류는 2000년대 후반의 글로벌 금융위기에도 불구하고 한국이 경제 성장을 이어 나가는 원동력이었다. 2010년대 이전 미국과 중국의 긴밀한 경제협력 역시 한국에는 이러한 경제개발 공식을 따라가기 좋은 대외 환경을 제공하였다. 서해에서의 중국어선 조업 문제 및 중국발 미세먼지 등으로 인한 한·중 간의 갈등 요인이 존재하긴 하였으나, 한중관계의 협력 기조를 근본적으로 흔들지는 않았다. 그러나 2010년대 중반 이후, 오바마 행정부 2기가 강력한 중국 견제정책을 추진하면서 상황이 달라졌다. 박근혜 행정부 시기 성주 지역에 THAAD 기지를 설치하면서 한중 양국관계는 악화되기 시작했다. 일본은 미국의 반중전선에서 인·태 지역 전략을 구상하는 등 한국과 달리 적극적으로 미국의 새로운 정책에 동조하는 모양새를 취했다.[34] 이러한 상황은 한국이 한·미·일 삼각안보체계가 연루의 위협으로 작용할 수 있다는 점을 환기시켰다.

이러한 두 개의 서로 다른 축의 작용 속에서 한국은 현재까지 미국과 일본과의 협력에 있어서 제한적인 관점을 취하고 있다. 한미동맹에 있어서 정상회담마다 '동맹강화'라는 용어와 '역대 최고 협력관계'라는 상투적 수식어가 따라붙고는 있으나, 중국과의 교역 문제로 인해 한미관계의 유의미한 변화는 관측되지 않고 있다. 한일관계는 윤석열 행정부 들어서 관계 개선이 이뤄지고 있지만 근본적으로 한

---

34 김영호, 2018, p.9.

국 사회가 일본을 위협으로 인식하는 문제가 해소되지 않고 있는 상황이다. 북한 핵 문제에 있어서 미국과 일본은 필수적인 협력 파트너임에도 이 두 국가가 한국의 국익에 있어서 즉각적 영향이 있는 경제와 영토 문제에 있어서 경쟁자 관계로 정의되고 있는 상황은 한국이 미일과의 협력에 주저하게 하는 원인이 되고 있다. 요컨대 한국과 일본의 탈냉전기 반목의 구조와 한국의 동맹에 대한 연루의 위협인식 강화 문제는 미국의 정책적 대응이 필요함을 시사한다.

하지만 미국은 그간 한일의 반목에 대해 미국이라는 동맹을 사이에 두고 자연적으로 가까워져야 하는 관계로 해석하여 적극적 중재 노력을 펼치지 않았다. 특히 연루의 위협이라는 덫에 빠진 한국에 대해 이해하는 모습 또는 북핵이라는 최대 안보문제를 해결하는 모습도 보이지 않고 있다. 결과적으로 미국이 일본에 위임한 아시아 안보전선 및 반중전선에서 한국이 소극적으로 이에 참가하는 형태가 나타나고 있다. 북핵 위협에 노출된 한국은 미국의 구상에서 적극적 반대 목소리를 내기 힘들며, 한편으로는 일본이 주도하는 질서를 지지하는 것에는 반감을 내비치고 있다. 역사적 관점에서 볼 때, 한·미·일의 전략적 목표가 다른 상황은 삼국의 갈등으로 이어졌다. 그리고 미국을 사이에 두고 한국과 일본이 경쟁하는 상황은 더욱 한일 간의 관계를 어렵게 하였다.

결론적으로, 본 장에서 한·미·일 삼국의 안보 협력체계의 역사를 살펴보았다. 한국과 일본은 냉전기와 탈냉전기 모두 패권국이었던 미국의 외교정책 변화에 민감하게 반응하였으며, 필요에 의해 협력하였다. 한일관계는 미국이라는 외부 변수에 강하게 영향을 받았으며, 그러한 외부 변수가 차단되었을 시 국내 정치의 기조에 따라 상대와 협력할지 혹은 반목할지를 결정하였다. 하지만 한일은 아시아 지역의 경제대국으로 미국의 주요 외교 파트너로 인정받고 있으며, 군사력 측면에서도 육군의 한국과 해공군의 일본으로 상호보완적 존재로 자리 잡았다. 이러한 측면에서 한·미·일의 협력 강화는 안보에 있어서 대체로 서로에게 이익으로 다가왔다. 그러나 여전히 관리해야 할 요소가 상존하고 있으며, 특히 경제 분야에서 삼국은 이제 협력자보다는 경쟁자로서의 인식이 더욱 강해졌다. 안보 협력 강화가 반드시 경제에 도움이 된다는 인식은 이미 1980년대에 사라졌다. 미국은 한일에 관계된 안보 지출에 대한 영수증을 방위비 분담금이라는 형태로 내밀고 있고, 한국은 미일과의 안보 협력이 중국과의 경제 교류에 지장이 될 만한 요소로 판단하고 있다. 일본은 첨단산업 면에서 한국의 강한 도전을 받았고, 반도체산업 등 많은 분야에서 우세한 지위를 박탈당하였다. 이렇듯 경제분야에서의 도전은 한·미·일 협력체계에서 강한 원심력으로 작용하고 있다.

최용

한양대학교 아태지역연구센터 및 국제학부 부교수로 재직 중이다. 영국 런던정경대(LSE)에서 국제사 박사학위를 받았으며, 이후, USC 한국학 연구소 포닥, 한국외대와 부산대 국제전문대학원에서 강의를 했으며, 2017년부터 2023년까지 육군사관학교 정치사회학과에서 조교수와 부교수로 재직했다. 현재는 한·미·일 핵전략과 외교에 관심을 두고 이를 융합할 수 있는 연구를 지속하고 있다. 주요 논문으로는 한국 박정희 시기 핵무기 개발에 관한 "The Falling-Out of Nuclear Suppliers: S-France-Canada Negotiations and Debates on the ROK Nuclear Program"(2024)과 이란과 북한의 국제관계에 관한 "The Dilemma of the "Axis of Evil": The Rise and Fall of Iran-DPRK Relation"(2019) 등이 있다. 저서로는 *Fission and Fusion of Allies: The ROK Nuclear Quest and U.S.- France Competition and Cooperation*(주저, 2023)이 있다.

제3장

'신냉전' 시대 한·미·일 안보 협력: 이론의 차원

차태서

Ⅰ. 신냉전의 초입, 구냉전의 교훈 찾기

신냉전 도래에 대한 경고음이 잦아지고 있는 2020년대 초반의 시점에서, 과거 구냉전 시대의 역사는 어떤 의미를 지니는가? 특히 변화한 지정학적 환경을 해석하고 대응하는 대전략 프레임에 있어 자유주의 대 현실주의라는 고전적인 대당對當이 담론경쟁을 벌이고 있는 상황이 주는 기시감Déjà vu은 무엇 때문일까?

이러한 질문에 답하기 위해서는 우선 현재 세계질서가 겪고 있는 구조적 변환의 의미를 이해할 필요가 있다. 2020년대가 두 개의 전쟁에 관한 이야기로 시작된 것은 국제체제의 현 상태를 조망하는 일에 있어 중요한 함의를 지닌다. 2021년 여름 무질서하게 진행된 아프가니스탄에서 미군 철수와 탈레반의 재집권, 그리고 2022년 초 푸틴 정권의 우크라이나 침공 등은 지정학적 차원에서 미국의 후퇴와 단극시대의 종언을 재삼 확인하였다. 특히 두 에피소드 모두 탈냉전기 워싱턴에 의해 열정적으로 추진된 자유패권liberal hegemony 구상이 모순에 부딪혀 나타난 후과라는 점에서, 각 사건은 오늘날 세계질서 요동의 원인이 아닌 징후로서 읽혀야 한다. 즉, 주변부와 중심부에서 각각 진행되어온 자유(승리)주의에 기초한 '세계혁명' 사업이 반발에 직면해 실패한 결과가 카불 함락과 우크라이나전 발발로 모습을 드러낸 셈이다. 전자가 일종의 월남전의 재판으로서 제3세계 국가건설 프로젝트의 파산을 대표했다면, 후자는 유럽에서 자유주의 정치경제 레짐의 팽창시도가 맞닥뜨린 역효과를 상징한다.

돌이켜 보건대, 팍스 아메리카나의 거대한 균열이 시작된 것은 조지 W. 부시 행정부 말기 전 세계적 금융위기가 발생하고 테러와의 전쟁이 수렁에 빠지던 시기부터였다. 그러나 그 변화의 심각성을 세계인 모두가 감지하게 된 계기는 2010년대 중반의 브렉시트와 트럼프 현상이었고, 이때부터 미·중 전략경쟁의 심화, 팬데믹 기간 글로벌 거버넌스의 기능마비, 그리고 마침내 우크라이나 전쟁 발발 등의 사건을 경유하며, 우리는 전간기戰間期의 데자뷔 같은 느낌을 갖고 국제정치의 흐름을 쫓게 되었다. 이는 무엇보다 시혜적 패권국이 부재한 '대공위기Interregnum'에 자유주의적 이니셔티브가 막다른 골목에 봉착해버렸다는 역사적 유추historical analogy 때문이다. 마치 전간기가 제1차 세계대전과 제2차 세계대전 사이의 짧은 간주곡에 불과했던 것처럼, 지난 탈냉전 30년의 '좋은 시절belle epoch'도 구냉전과 신냉전 사이의 휴지기에 불과했던 것은 아닐까?

　나치 독일의 폴란드 침공이 전간기 이상주의 시대에 돌이킬 수 없는 사망신고를 내렸던 것처럼, 우크라이나 전쟁은 팍스 아메리카나가 종식되었음을 표시하였을 뿐만 아니라, 세계가 다시금 우울한 현실주의에 의해 잘 설명되는 홉스적 시공간으로 회귀하고 말았음을 고지하였다. 1990년 이라크가 쿠웨이트를 공격했을 때는 거의 전 세계가 단결해 사담 후세인의 정복욕을 저지했지만, 2022년 푸틴이 동일한 성격의 침략전쟁을 일으켰을 때 '국제사회'의 단합된 목소리 같은 것은 찾아볼 수 없었다. 이 30년을 격한 두 침공사건에서 드러나는 차이야말로 탈냉전이라고 하는 역사로부터의 휴일이 이제 종료되었음을 생생하게 보여주는 것이라 할 수 있다.

　이로써 우리는 단극체제의 점진적 해체에 따른 자유세계질서 전반의 약화와 다극적 세력권들의 부활조짐, 그에 따른 국가 간 질서의 전반적 재정렬이 이루어지는 시기를 맞이하게 되었다. 독일의 올라프 숄츠 총리가 일컬은 '전 지구적 시대전환global zeitenwende'이라는 개념은 바로 이러한 신냉전적 역사 국면을 압축적으로 표현한 셈이다.[1]

　물론 오늘날 '신냉전'이라는 개념을 무분별하게 사용하는 것에 대한 비판적 시선도 충분히 타당한 지점이 있다. 저널리즘 용어로서 사회과학적 엄밀성이 부족한 단어일뿐더러, 방법론으로서 '역사적 유추'에는 언제나 선택적인 '역사의 오용'이라는 함정이 따라다닐 수밖에 없다. 특히 신냉전이라는 전략적 서사는 당대 미·중 관계의 과잉

1　차태서, 2024.

안보화를 초래하여, 두 초강대국 간 갈등의 필연성에 대한 자기충족적 예언으로 이어질 위험성마저 존재한다.[2] 그러나 사실 과거의 '구냉전' 담론도 그 자체로 유사한 문제점을 보유하고 있긴 마찬가지였다. 애초에 엄밀성이 부족한 메타포적 용어로 탄생한 개념일 뿐만 아니라,[3] 반공 자유주의와 같은 이데올로기적 속성이 내재되어 있기도 했다. 또한 최근 전 지구적 냉전사Global Cold War 학파가 강조하는 것처럼, 기성의 구미 중심적인 '긴 평화'로서의 '냉전' 담론에는 비서구 '열전'의 존재 자체가 은폐되어 있었다.[4]

그럼에도 구냉전과 신냉전의 유사성을 인지하고 그 둘을 체계적으로 비교함으로써 얻을 수 있는 전략적 교훈 또한 매우 중요하다. 구냉전의 독특성만을 강조하다 보면, 도리어 아무런 일반화나 역사적 교훈을 끌어낼 수 없는 특수사례로 폐기되어 버릴 위험성이 있다. 우리가 살아가고 있는 탈단극 시대와 과거 미소 진영 갈등 시대 사이에는 양극체제 부상에 따른 강대국 간 긴장 증대, 핵무기에 의한 군비경쟁의 비전면전화 등의 중대한 구조적 유사성이 존재한다. 따라서 위태로웠던 구냉전 시기를 경유하며 인류가 어렵게 학습한 여러 교훈에 의거해 오늘날 미·중 간 전략경쟁을 분석하고, 이를 안정적으로 다

2 　백준기, 2023. pp.27~59.

3 　전후 국제질서의 특징을 일컫는 언어로 '냉전' 개념을 최초로 사용한 것은 1945년 조지 오웰이다. "the prospect of two or three monstrous super-states, each possessed of a weapon by which millions of people can be wiped out in a few seconds, dividing the world between them (…) to put an end to large-scale wars at the cost of prolonging indefinitely a 'peace that is no peace'." 그리고 이 용어를 대중화시킨 것은 월터 리프먼으로 1947년 이래 일련의 에세이에서 언급하였다(Martin, 2015).

4 　오드 아르네 베스타, 2020.

루는 법에 대한 고민을 이어가는 것은 충분히 가능한 일일 뿐만 아니라, 우리의 미래 운명에 있어 사활적인 문제이다.[5]

이런 문제의식 하에 관찰해 볼 때, 경쟁적인 국가 간 관계를 어떻게 운영해 나갈 것인가에 대해 현실주의 대 자유주의라는 오래된 세계관적, 철학적 경합이 현 역사 국면에서 발생하고 있다는 점은 주목할 만한 가치가 있다. 2020년대 조 바이든 행정부에 의해 제기된 자유주의적 '가치외교론'도 이러한 시대적 맥락의 지적 생산물로 여겨진다. 이에 필자는 신냉전기를 맞아 이제 과거지사가 된 단극-지구화-자유주의 시대의 세계관으로부터의 탈피가 필요함을 강조하고 싶다. 또한 (신)냉전 자유주의적 주류비전의 위험성을 지적함과 동시에 한국-미국-일본의 3국 협력 강화에 대한 대한민국 외교의 접근법에 있어서도 완전히 다른 패러다임(미국과 한국 모두에서 상대적으로 주변화된 담론체계였던 '현실주의')으로의 이행을 탐색할 때가 도래했다는 점을 이야기해 보고자 한다.

5　미소 갈등과 미·중 갈등의 유사성을 일정 부분 인정한다고 하더라도, 구냉전과 신냉전 사이의 여러 중대한 차이점도 여전히 지적 가능하다. 우선 경쟁 강대국 간 경제적 상호의존의 정도에 있어 그 차이가 상당하며, 이데올로기 갈등의 심도에 있어서도 상이함이 크다. 즉, 과거 자본주의 vs 공산주의 정도의 갈등이 오늘날 미·중 간에 존재하는지는 의문시될 수밖에 없다. 환언하면, 현재의 역사적 국면상 미·중 양자관계는 경쟁과 공존이 교차하는 수준에 머물러 있다. 아울러 오늘날의 세계가 구냉전기처럼 진영대결 구도로 양분되었다고 묘사하기엔 많은 주요 국가가 여전히 '관망자들fence sitters'로 존재하고 있기도 하다.

II. 봉쇄와 자유패권 전략을 둘러싼 논쟁의 의미

일반적으로 '봉쇄' 개념은 냉전기 미국의 대전략을 통칭하는 대명사처럼 취급되지만, 사실 존 루이스 개디스John Lewis Gaddis의 고전적 설명[6]이 강조하는 것처럼, 봉쇄전략을 실제 개념화하고 실천하는 과정에서는 완전히 대조적인 두 실행 코드operational codes-대략 (공세적) 자유주의 vs (방어적) 현실주의의 구분과 오버랩되는 방식으로-가 경합하였다. 그리고 이 둘은 구냉전의 본질이 무엇인지, 어떻게 미국이 이에 대응해야 하는지를 놓고 근본적으로 상반된 해석을 제공하였다.

여기서 한 가지 유의할 것은 대개 정통적인 국제정치학 교과서에서는 현실주의가 지배적 이론 패러다임이고 자유주의는 그에 대항하는 대안 패러다임으로 제시되곤 하지만, 미국외교정책 담론에서는 이 위계가 완전히 뒤집혀 있다는 사실이다. 다시 말해, 워싱턴 기득권층establishment의 언어 생태계에서는 보통 예외주의적 국가 정체성에 기반을 둔 자유개입주의가 헤게모니적 위치를 점해온 반면, 현실주의적 자제론 혹은 세력 균형론은 주변적 위치에 머물렀다는 점을 유념할 필요가 있다.

---

6 Gaddis, 1982.

1. 주류 자유주의 노선

냉전 봉쇄 전략에 있어 미국 엘리트층의 주류적 인식 틀은 미소 관계 혹은 양 진영 관계를 이데올로기와 레짐의 성격에 기반을 두고 이분법적(신학적) 선악 구도로 규정하는 것에서 출발했다. 대표적으로 냉전 초기 트루먼 독트린과 NSC-68은 미국-소련 간 분쟁을 자유 사회 대 전체주의(노예제) 사회의 체제적 갈등으로 해석하였으며, 이는 냉전시기 전반에 걸쳐 미국 사회 내의 지배적 담론이었던 냉전 자유주의cold war liberalism적 시각을 반영한 것이다. 이런 해석 프레임 속에서는 두 진영 간의 타협 불가능성이 강조되며, 전 지구적 개입 특히 군사주의적 대응이 처방될 수밖에 없다. 그리고 바로 이 점이 베를린 봉쇄, 쿠바 미사일 위기, 월남전, 에이블아처 훈련 위기 같은 이후 구 냉전기 위기상태 지속의 핵심적 원인을 형성하였다. 상호 간의 제거나 동화는 불가능하며 결국 안정적 공존 이외의 해법은 없다는 불편한 진실은 인류 전체를 위태롭게 만든 순간들이 연거푸 몇 번이나 반복된 후에야 깨달아질 수 있었다.

공산진영 붕괴 후 본격화된 이른바 '자유패권' 전략도 기본적인 가정과 역사철학적 맥락에 있어서는 냉전기 예외주의 독트린의 연장선상에 존재한다. 탈냉전 30년의 시대정신으로서 '역사의 종언론'이 상징하듯, 워싱턴은 단극이라는 구조적 호조건 속에 세계를 미국 자신의 이미지에 맞추어 변혁transforming the world in America's own image시키려 하였다. 이러한 일종의 세계혁명적 목표는 민주, 공화 양당 모두가 공유하는 국가 대전략상의 컨센서스 사항이었다. 단지 다자주의 대 일방주의 구도 같은 목표달성 수단에서의 일정한 차이만 존재했을 따름이다. 실제 이와 같은 최상위 목표하에 수립된 대표적 정책 사례들로는 1990년대 이후 나토 동진과 구공산권에서의 쇼크 독트린 강제, 9.11 테러 이후 테러와의 전쟁을 수행하며 추구한 정권교체와 국가건설 작업 등을 열거해 볼 수 있다.

2. 미국의 예레미야들American Jeremiahs[7]

국제정치학계의 통상적인 학설사와는 달리, 전후 미국 현대사에서 현실주의자들은 마치 구약성서의 예레미야와 같이, 불온한 예언자로서 주류 공론장에서 주변화되고 박해받는 처지에 있어 왔다. 예를 들어 흔히 봉쇄 전략의 아버지라고 호명되는 조지 케넌George Kennan의 경우 1990년대 중반 냉전기 미국외교를 비탄조로 회고한 바 있는데, 자신이 말했던 ('롤백'이 아닌) '봉쇄'는 소련과 현실주의적 타협을 모색하기 위한 방편이었다는 점을 강조했다. 즉, 모스크바의 핵심 산업 지대로의 팽창은 틀어막되, 전후 유럽대륙에서 일정한 세력권 설정을 타결settlement하기 위한 수단으로서 봉쇄 전략을 입안했다는 설명이다.[8] 이런 맥락에서 케넌은 국무부 정책기획국장직에서 밀려난 후 트루먼 독트린과 NSC-68의 비타협적 군사주의 노선에 비판적이었으

---

7 Tjalve, 2008.

8 Kennan, 1994.

며, 이후 냉전 시대 미국 주류 대외정책노선의 반대자로 줄곧 활동하였다. 가령, 1952년 스탈린 노트(독일통일과 중립화 제안) 수용을 거부한 워싱턴을 비판했는가 하면, 1950년대 말 독일 중립화/완충 지대화를 스스로 제안하기도 했다. 또한 봉쇄 개념은 미국 안보에 비사활적 지역인 동남아시아에는 적용되지 않는다는 주장을 근거로 베트남전 개입에 반대하였다. 그리고 이와 같은 활동 이력 때문에 케넌은 딘 에치슨 같은 냉전 자유주의 매파들에게 뮌헨협정 스타일의 유화정책을 추구한다고 비난받기도 하였다.

비슷한 맥락에서 고전 현실주의의 태두라 할 수 있는 한스 모겐소 Hans Morgenthau도 미국 외교의 철학적 기초 자체가 "병리적pathological"이라고 강하게 비판하였다. 특히 현실을 악마론적으로 해석demonological interpretations of reality하며 전 세계적인 사회 개혁을 추구하는 것이야말로 문제의 뿌리라고 지적하면서, 유일한 해법은 미국 외교의 토대 자체를 뜯어고치는 것이라고 주장한 바 있다.[9] 보다 구체적인 정책 이슈에 있어 모겐소는 소련을 이데올로기적 세계혁명 국가가 아닌 전통적 의미의 제국주의 팽창 세력 또는 수정주의 세력으로 규정하였으며, 모스크바와의 모종의 외교적 타협과 상호조정을 통한 전쟁 회피를 최우선의 방책으로 삼았다. 따라서 결국 각자의 세력권을 인정하면서 경계를 설정하는 것이 미소 관계의 최종목적이 될 수밖에 없었다. 또한 모겐소는 1960년대 미국의 월남전 개입 정책을 "무분별한 반공 성전indiscriminate crusade against communism"으로 규정하며 신랄하게 비판한

---

9 Morgenthau, 1977.

것으로도 유명하다.

이런 면에서 월남전의 곤란과 전반적인 미국 패권의 하강기에 선보인 닉슨-키신저 독트린은 여러모로 이례적이었다. 모겐소가 "비스마르크의 계승자"라며 긍정적으로 평가했던 헨리 키신저는 이데올로기/레짐의 차이가 아닌 세력 균형론에 입각한 현실정치realpolitik를 대외정책의 원칙으로 삼았다. 그리하여 데탕트와 삼각 강대국 외교의 시대를 열게 되었는데, 특히 미·중 화해 추구를 통해 중화인민공화국의 국제적 인정과 미국의 아태 지역에서 지배적 지위 인정을 상호교환 함으로써, 냉전기의 한복판에서도 역내 갈등을 동결시키는 효과를 가져왔다. 이는 이후 동아시아에서 현실주의적 키신저 질서가 장기간 유지되는 기초가 되었으며, 미소 간에도 여러 관계 안정화 조치가 단행되는 모티브를 형성하였다.[10]

다른 한편, 탈냉전기에도 '블롭Blob'에 대한 반대자로서 현실주의자들의 수난은 계속되었다. 일찍이 케넌은 승리주의적 분위기가 지배적이던 1990년대 중반에도 "나토의 동구 확장은 탈냉전 시기에 미 외교정책의 가장 치명적인 실책이 될 것"이라는 불길한 예언을 남긴 바 있으며,[11] 신현실주의의 창설자인 케네스 월츠Kenneth Waltz는 일극 체제의 단명을 예견한 것과 함께 이란과 같은 '악의 축' 세력에게도 핵무기 보유를 허용할 것을 주장해 상당한 스캔들을 일으켰다.[12] 또한

---

10 Cha & Seo, 2018.

11 Kennan, 1997.

12 Waltz, 2012.

존 미어샤이머John Mearsheimer와 스티븐 월트Stephen Walt는 이라크 개전을 '불필요한 전쟁unnecessary war'이라고 반대하는가 하면,[13] 테러와의 전쟁 국면에서 '이스라엘 로비' 문제를 제기했다가 반유대주의자라는 위험한 오명까지 뒤집어썼다.[14] 이런 맥락에서 볼 때 최근 우크라이나 전쟁 국면에서 친푸틴 매국노 학자로 몰려 비난받고 있는 미어샤이머의 모습은[15] 반예외주의적인 주장 때문에 미국 사회에서 박해 받아온 현실주의자들의 긴 수난사에서 가장 최근 형태일 따름이다.

Ⅲ. 신냉전 구조를 둘러싼 대전략 담론투쟁

1. 바이든의 익숙한 길: 트루먼 독트린의 재림

현재 우리는 탈단극 시대라는 새로운 역사의 분수령에 도달해 있다. 찰나의 역사적 휴지기로서 지정학적 갈등이 잠시 사라진 것처럼 보였던 미국 주도 자유세계 질서의 균열이 뚜렷해지면서, 미·중(러) 사이의 신냉전이 도래하고 있다는 경고음이 날이 갈수록 커져만 가고 있다. 그리고 여기서 또다시 관건이 되는 것은 미국의 대전략적 선택이다. 즉, 구냉전과의 역사적 유추를 원용해 볼 때, 바이든 행정부

---

13   Mearsheimer & Walt, 2003.

14   Mearsheimer & Walt, 2007.

15   Jacobson, 2023.

시기는 과거 '트루먼적 계기Truman moment'와 유사한 시간대라고 볼 수 있다. 강대국 간 패권 경쟁이 심화되는 구조적 조건에 대한 워싱턴의 전략적 대응으로써 현실주의 노선과 자유주의 노선 사이의 논쟁 구도가 형성되고 있기 때문이다. 다시 말해, 향후 미·중(러)이 관계를 강대국 간 현실주의적 타협을 모색하는 방향으로 조정할 것인지, 아니면 민주 대 반민주의 선악 대결 구도로 구성해 나갈 것인지의 갈림길을 경유하며 21세기 신냉전의 형상이 결정될 것이다.

우선, 미·중 전략경쟁의 심화와 우크라이나 전쟁의 발발을 기화로 오늘날 (신)냉전 자유주의가 미국 내부에서 화려하게 부활하고 있다. 민주 진영 대 반민주 진영으로 양분된 세계상을 상상하는 반공주의와 기본 에토스를 공유하는 지적 흐름이 다시 힘을 얻고 있다. 특히 바이든 정부의 대전략 노선은 트루먼 독트린의 재림이라는 평가를 받을 만하다. 『국가안보전략서』 같은 최고위 전략문건과 대통령 연설 등을 통해 반복해 등장하는 이른바 '역사의 변곡점' 담론은 트루먼 독트린과 마찬가지로 오늘날 미·중·러 사이의 강대국 간 세력 경쟁을 민주주의 대 권위주의라는 이념-체제 간 경쟁으로 프레이밍 하고 있으며, 이 이분법적 거대 서사가 바이든 정권의 외교정책 전반을 규정 짓고 있다.

특히 러시아의 우크라이나 침공과 뒤이은 모스크바-베이징의 밀착 행보는 자유 대 반자유의 아마겟돈적 대결이라는 바이든 독트린의 핵심 세계관을 입증해 주는 역할을 하고 있다. 이로써 미국은 다시 한번 민주 진영의 수장으로서 향후 인류의 운명을 가를 '결정적 10

년'의 기간 동안 자유주의적 서구를 재결집하여 수정주의적 권위주의 열강들에 대항하는 역할을 자임하고자 한다.[16]

2. 현실주의적 절제 전략의 대안들

반면, 소수파로서 현실주의자들은 구냉전 시기와 마찬가지로 미국의 보편주의적 열망을 자제시키면서, 이미 현실로 다가온 다극화 추세를 인정하고 신냉전기의 안정적 운영을 도모하는 대안적 전략을 제시하고 있다.[17] 두 가지 대표적 사례들을 열거해 보면 다음과 같다. 첫째, 리처드 하스와 찰스 쿱찬의 경우, 다극 체제의 도래와 함께 자유주의 세계질서 프로젝트의 실패를 사실상 시인하고, 그 대안으로서 19세기적인 강대국 간 협조체제를 제시해 눈길을 끈다. 이들에 따르면 현재 국제체제는 거대한 격변기에 도달했으며, 서구가 기존의 정치 양극화와 경제문제를 해결한다 해도 다극-다이념의 세계가 등장하는 것을 막을 수는 없다고 분석한다. 팍스 아메리카나의 부활은 바이든 정부가 아무리 노력해도 불가능하다는 진단인 셈이다. 문제는 이런 탈패권 시대에는 강대국 간 대전쟁의 위험성이 증가한다는 점에 있는데, 이러한 대재앙의 회피를 위해서는 기성 서구 주도 자유질서의 추구만으로는 21세기 지구의 안정을 가져다줄 수 없다는 사실을 냉정히 인정해야만 한다. 결국 미래 지구정치의 안정을 위한 최

---

16 The White House, 2022.10.12.

17 차태서, 2021.

고의 수단은 주요 열강 간 지구협조체제global concert of major powers로서 19세기 유럽협조체제의 경험에 기반을 두고 다극 체제에서의 경쟁을 완화하는 지도국들의 국제관계운영위원회 같은 것을 구성하자는 결론이다.[18]

이는 국내 레짐의 성격을 문제 삼지 않고 모든 강대국의 정치체제를 있는 그대로 인정하며, 강대국 간 합의된 규범—현 국경선 유지, 초국적 위협에 대한 공동 대응 등—을 만들어 나가고, 지정학적 위기 발생 시 주도국 간 타협점을 찾아가는 것을 목적으로 한다. 물론 기존에 서구가 추구해온 자유주의 세계질서에 크게 미달하는 현실 정치적realpolitik 접근방법이지만, 저자들은 '바람직하지만, 불가능한 목표 대신 작동 가능하고 획득이 가능한 목표'를 추구하는 것이 정책가들이 추구해야 할 이상이라고 주장한다. 만일 협조체제의 구성이 실패할 경우, 아무도 거버넌스를 제공하지 않는 무질서의 세계가 오거나, 극심한 지정학 경쟁을 낳을 세력권들의 세계가 도래할 것이라는 점에서 더욱 그러하다.

둘째, 크리스토퍼 레인의 경우, 미국과 중국 사이에 전쟁 발생 가능성이 없다는 기존의 통념—경제적 상호의존, 핵 억지, 국제제도 등의 변수에 기반을 둔 낙관론—을 비판하면서 제1차 세계대전으로 이어진 한 세기 전 영국과 독일 사이의 갈등과 오늘날 미·중 경쟁 사이에 존재하는 역사적 평행성을 강조한다. 즉, 영국이 독일의 부상을 유화적으로 잘 다루지 못한 것이 대전쟁으로 이루어진 것과 마찬가지

---

18 Haass & Kupchan, 2021.

로 미국이 중국의 굴기에 어떻게 대처하는지에 따라 미래의 향방이 결정될 것이라는 분석이다. 특히 '백년국치'의 역사적 기억 속에 강대국 지위 회복과 지역 패권 회수를 목표로 하는 중국에 대해, 미국의 정책가들이 자유주의 대 공산주의의 관점에서 미·중 경쟁을 바라보기 시작하는 분위기가 증가하는 것을 놓고 레인은 큰 우려를 표명한다.

이러한 대중 정책의 이데올로기적 전환은 상대를 '악'으로 규정해 타협과 협상의 외교를 불가능하게 만들기 때문이다. 대신에 미국이 취해야 할 노선은 대중 관계를 전통적인 의미의 현실주의적 열강 간 경쟁으로 다루는 것이다. 중국의 강대국화와 지역 패권 주장을 일정 부분 수용하면서 어떻게 평화로운 강대국 간 타협을 구성해야 할지를 고민해야 한다는 것이 핵심 주장이다. 이는 곧 무리한 견제나 공격적 봉쇄 전략 대신 중국에 동아시아의 지배권을 일정 부분 넘김으로써 거대한 재앙적 전쟁을 회피해야 한다는 정책적 조언을 의미한다.[19]

Ⅳ. "Winter is coming": 신냉전기 한국 외교의 갈림길

어느 유명 해외드라마의 내용에 비유컨대, 지난 30년 단극체제 하 탈냉전이라는 '긴 여름'이 종식되고, 탈단극 신냉전 시대라는 '긴 겨울'이 다가오고 있는 것이 우리가 살고 있는 역사적 국면이다. 특히

---

19 Layne, 2020.

한국의 입장에서는 이와 같은 거대한 현상 변경의 시대에 지정학적 단층선 혹은 파쇄 지대를 따라 연쇄적인 안보 위기 상황이 발생할 수 있다는 점에 유의할 필요가 있다. 즉, 미·중·러의 각축 상황 속에서 우크라이나 – 대만 – 한반도 같은 인화점들이 거대한 체인으로 연결되며, 전쟁 '연루' 가능성이 커지고 있는 점이 주목되어야 한다.[20] 그런 가운데 한국 외교의 공론장에서도 앞서 살펴본 (냉전) 자유주의 대 현실주의의 논쟁 구도가 그대로 반복 중이라는 사실이 주목된다.

우선 현 대한민국 정권도 이 같은 시대변화를 '신냉전'의 도래로 규정짓고 나름의 방식으로 대응 전략을 마련해 온 것으로 관측된다. 2023년 6월 발표된 『윤석열 정부의 국가안보 전략』의 서문은 "오늘날 우리는 역사의 변곡점 앞에 서 있습니다."라는 문장으로 시작한다.[21] 그리고 윤 대통령은 여러 차례의 연설을 통해 오늘날 "자유주의 진영과 권위주의 진영 간 체제 대결"이 심화되고 있으며 "전체주의와 권위주의 세력"이야말로 현 인류의 최대 위협이라고 규정하였다. 이처럼 동시대를 바라보는 인식 프레임과 사용 언어에 있어 윤석열 행정부는 바이든 정권과 거의 완벽한 싱크로율을 보여주고 있다. 그리고 현 정권은 자유민주주의 국가로서 한국의 '정체성' 수립의 중요성을 반복해 강조하면서, 외교란 '대한민국의 정체성'과 '헌법 가치' 표현하는 것, 국방과 안보란 "이 가치 때문에 목숨까지 바칠 수 있는 그런 것"으로 정의 내리고 있다.[22]

---

20 백승욱, 2023.

21 국가안보실, 2023.6.5.

이런 맥락에서 소위 '글로벌 중추 국가GPS' 비전이란 "미국과 함께 세계시민의 자유를 지키고 확장하는 '자유의 나침반'" 역할을 하는 것으로 "전체주의가 아닌 자유민주주의의 보편적 가치를 공유한 국가들과의 강력한 연대를 구축"하는 사업이 핵심에 있다.[23] 여기에서 유의해야 할 점은 글로벌 중추 국가라는 개념의 정확한 의미이다. 얼핏 이 단어는 과거 정권들에서도 즐겨 사용하여 온 '중견국' 개념과 유사해 보이지만, 그에 내포된 함의는 크게 차별적이다. 이 비전의 핵심에는 '누가 우리 생존과 안보를 위협하는 적인지, 그 적에 대항해 우리 편에 서줄 나라는 어느 나라인지 분명한 인식을 해야 한다.'라는 자아/타자 이분법에 대한 정언명령이 자리 잡고 있다. 즉, 미국식 (신)냉전 자유주의에 동조하여 민주주의 대 권위주의라는 세계 진영화에 앞장서는 것이 한국의 대외적 역할로서 제시되고 있다.

이런 배경하에 윤석열 정부는 일본을 "세계시민의 자유를 위협하는 도전에 맞서 함께 힘을 합쳐 나아가야 하는 이웃"으로 재정의하고, 미·중 전략경쟁이 날로 심화되는 위기 상황에서 '보편적 가치'를 공유하는 한일 양국 간의 관계 복원을 시급한 외교 과제로 취급해 왔다.[24] 그리고 이는 인도·태평양 전략의 일환으로 한·미·일 3각 안보 협력의 강화를 추진해온 미국의 이해관계와도 맞아떨어지는 것이었다. 2023년 8월 한·미·일 정상회담을 통해 선언된 『캠프 데이비드 원칙 및

22　윤석열, 2023.1.11.; 윤석열, 2023.4.28a.; 윤석열, 2023.6.28.; 윤석열, 2023.7.12.

23　윤석열, 2023.4.28b.

24　윤석열, 2022.8.15.; 윤석열, 2023.3.16.; 윤석열, 2023.3.21.; 윤석열, 2023.8.15.

한·미·일 간 협의에 대한 공약』은 이와 같은 전략적 흐름의 정점으로써 "우리 공동의 이익과 안보에 영향을 미치는 지역적 도전, 도발, 그리고 위협에 대한 우리 정부의 대응을 조율하기 위하여, 각국 정부가 3자 차원에서 서로 신속하게 협의하도록 할 것을 공약"하였다. 아울러 윤 대통령은 "오커스AUKUS, 쿼드Quad 등과 함께 역내·외 평화와 번영을 증진하는 강력한 협력체로 기능하면서 확대 발전해 나갈 것"이라고 한·미·일 3국 협력체의 성격을 정의함으로써, 대중국 세력 균형 연합의 구성에 한국이 참여하고 있음을 명확히 하였다.[25]

그러나 이념적 요소가 지나치게 강조될 경우 외교 전략상에 비타협성이 증대될 수밖에 없는데, 열강 간 경쟁에 직접적으로 노출된 중간국의 입장에서 이는 융통성 없고 위험한 선택이 될 수 있다. 물론 한국-미국-일본이 협력을 강화하는 것은 동아시아 지역 내 양극화라는 물질 구조적 변화에 조응하는 측면이 있다. 중국이 부상할수록 역내의 현상 변경을 추구할 것이기에, 이를 견제하기 위해 한·미·일이 어느 정도 보조를 맞추는 것은 세력 균형적 관점에서도 논리적인 선택이다. 하지만 삼국이 같이 가야 하는 이유가 힘의 균형이 아닌 '자유'라는 가치 때문이라고 문제를 설정할 경우 우리의 진로가 위태로워진다. 다시 말해, 현재 상황을 (신)냉전 자유주의에 입각해 '민주주의와 전체주의'의 레짐 대결로 규정해 버리면, 협상이나 타협이 불가능한 일종의 종교적 선악 구도로 우리의 외교적 운신의 폭이 제약되어 버린다. 아울러 미국 보수진영의 대전략 담론이 상당한 수준의

---

25 대한민국 대통령실, 2023.8.18.; 윤석열, 2023.8.21.

역외균형 전략으로까지 후퇴하고 있기에, 만일 2025년 트럼프 2기 정부가 출범하게 될 경우 바이든 식의 가치기반 대전략과 동조화된 한국의 외교정책 노선은 그 철학적 토대에서부터 뒤흔들릴 수밖에 없다.

이 지점에서도 우리는 구냉전 시대에서 일종의 비교적인 교훈을 얻을 수 있다. 미소 대결이 가시화되던 시기, 서유럽에서는 바르샤바 조약 기구에 대항하여 북대서양 조약 기구NATO가 조직되었으며, 이러한 다자동맹체의 건설은 양극체제에서 세력 균형을 형성하기 위한 서구 국가들의 필수적인 선택이었다. 그러나 주지하다시피, NATO 내부에서도 프랑스나 독일과 같은 국가들은 상대적으로 자율적인 정책의 공간을 확보하고자 노력했다. 예를 들어, 프랑스는 NATO에서 한때 탈퇴하고 독자적인 핵 개발을 진행하는 등의 과정을 겪었다. 독일 또한 동방정책이라는 독자적인 어젠다를 가지고 미소 냉전 구조의 틈새를 만들어 내기 위해 적극적으로 움직였다. 신냉전의 초입에 다다른 현재의 역사적 국면에서 한·미·일 협력 및 인도·태평양 지역에서의 격자 형태의 협력 강화 과정에 한국이 참여하는 것은 구조적으로 필연적인 결과라고 생각된다. 그럼에도 이러한 구조적 제약하에서 구 냉전 시대의 프랑스나 독일처럼 우리가 독자적인 어젠다를 갖추고, 예를 들어 대만 문제나 북한 문제에 대해 어떻게 이니셔티브를 쥐고 미국에 대한 설득 또는 일정한 거리 유지를 할 수 있을 것인지가 중요한 과제가 될 것이다. 이는 우리와 같은 중견 국가에 중요한 화두라고 할 수 있다.

결국, 지정학적 갈등 가능성이 상존하는 홉스적 세계가 돌아온 현 상황에서는, 국가 간 타협과 모두스 비벤디modus vivendi의 공간을 열어 둘 수 있는 현실주의적 세계관이 필요하다. 일반적인 상식과 달리, 한국의 대외정책 공론장에서 과소 대표되고 있는 현실주의자들이 지닌 가장 큰 미덕은 흑백이 아닌 회색빛의 세계를 직시하고 불만족스러운 상황을 인내하는 중용의 정신에 있다. 바로 이러한 자기 억제의 실천지prudence가 지금 절체절명의 위기에 처한 대한민국 외교에 필요한 덕목일 것이다.

차태서

성균관대학교 정치외교학과 조교수로 재직 중이다. 미국 존스홉킨스대학교에서 정치학 박사학위를 받았으며, 공군사관학교 군사전략학과 전임강사, 한국국방연구원 안보전략센터 연구원 등을 지냈다. 현재는 미국외교정책사에서 현실주의의 역할에 관심을 두고 연구를 지속하고 있다. 주요 논문으로는 "Contending American Visions of North Korea: The Mission Civilisatrice versus Realpolitik"(2023), "Republic or Empire: The Genealogy of the Anti-Imperial Tradition in US Politics"(2019)와 "The Formation of American Exceptional Identities: A Three-Tier Model of the 'Standard of Civilization' in U.S. Foreign Policy"(2015) 등이 있다. 저서로는 『30년의 위기: 탈단극 시대 미국과 세계질서』(2024)가 있다.

제2부

한·미·일 안보 협력에 대한
각국의 입장과 정책

제4장

한국의 입장과 정책: 북핵과 한반도를 넘어서는 한·미·일 안보 협력

정구연

Ⅰ. 한·미·일 안보 협력: 3국 이해관계의 확대

1994년 자카르타에서 개최되었던 아시아태평양경제협력체APEC 정상회의를 계기로 한·미·일 삼국 정상이 최초로 만난 이래, 한·미·일 협력은 많은 부침을 겪었다. 아마도 2023년의 캠프 데이비드 선언은 가장 높은 수준의 협력에 세 나라가 합의한 결과물로서, 윤석열 정부의 글로벌 중추 국가 비전과 미국·일본과의 북핵 공동 대응의 절실함이 맞물려 가능했던 것으로 보인다. 비록 한·미·일 삼국은 추구하는 국가이익과 정체성, 그리고 가치에 있어 정확히 일치하지는 않지만, 중국의 부상으로 인한 인도·태평양 역내 세력 균형 변화와 중국, 북한, 러시아, 이란 등 현상 변경 국가들의 전술적 제휴 등, 빠르게 변화하는 국제정세에 공동으로 대응하고 규칙기반 질서를 복원해야 한다는 점에 인식을 같이했기에 이 선언이 가능했을 것이다.

표 1. 한·미·일 삼국 정상회의 개최 현황

일시	삼국 정상			회의
1994. 11.	김영삼	빌 클린턴	무라야마 도미이치	자카르타 (APEC 정상회의)
1999. 9.	김대중	빌 클린턴	오부치 게이조	오클랜드 (APEC 정상회의)
2002. 10.	김대중	조지 W.부시	고이즈미 준이치로	로스 카보스 (APEC 정상회의)
2006. 11.	노무현	조지 W.부시	아베 신조	하노이 (APEC 정상회의)
2008. 11.	이명박	조지 W.부시	아소 다로	리마 (APEC 정상회의)
2014. 3.	박근혜	버락 오바마	아베 신조	헤이그 (핵안보정상회의)
2016. 3.	박근혜	버락 오바마	아베 신조	워싱턴 D.C. (핵안보정상회의)
2017. 7.	문재인	도널드 트럼프	아베 신조	함부르크 (G20정상회의)
2017. 9.	문재인	도널드 트럼프	아베 신조	뉴욕 (유엔 총회)
2022. 6.	윤석열	조 바이든	기시다 후미오	마드리드 (나토정상회의)
2022. 11.	윤석열	조 바이든	기시다 후미오	프놈펜 (아세안+3 정상회의)
2023. 5.	윤석열	조 바이든	기시다 후미오	히로시마 (G7 정상회의)
2023. 8.	**윤석열**	**조 바이든**	**기시다 후미오**	**캠프 데이비드**
2023. 11.	윤석열	조 바이든	기시다 후미오	샌프란시스코 (APEC 정상회의)

〈표 1〉에서 알 수 있듯, 1994년 시작된 한·미·일 삼국 정상 간의 만남은 특정 국제회의를 계기로 성사되었을 뿐 한·미·일 정상회담이 단독으로 개최된 것은 2023년 캠프 데이비드 회담이 최초이다. 또한 윤석열 대통령 집권 이전까지 개최된 한·미·일 정상회담에서 채택된 합의문은 주로 북핵 문제에 관한 내용을 담고 있었으나, 윤석열 대통령 집권 이후 개최된 총 다섯 차례의 한·미·일 정상회담은 북핵 문제뿐만 아니라 인도·태평양 역내 현안까지 논의하였다. 이는 한·미·일 삼국의 이해관계가 북핵 문제 이외의 현안까지 확대되었음을 보여주며, 특히 한국의 전략적 이익이 한반도 이외의 지역으로 확장되었음을 보여준다. 한국이 오랫동안 북핵 문제 해결을 위해 한·미·일 협력에 참여해 왔던 것과는 달리, 좀 더 거시적인 시각에서 인도·태평양 전략 공간을 구성하는 협의체로서 한·미·일 협의체를 활용하고자 하는 의도를 보여주는 것이다.

본 장은 이러한 맥락에서 한·미·일 협력을 바라보는 한국의 시각과 그 변화 과정을 살펴보고, 특히 윤석열 정부 이후 활성화된 한·미·일 협력의 영역과 그 한계 요인들을 살펴보고자 한다. 또한 최근 실시된 한일 양국의 여론조사 결과를 바탕으로 한·미·일 협력의 약한 고리weak link로 치부되어온 한일관계에 대한 양국 국민의 인식을 살펴본다. 이를 통해 한·미·일 협력이 북한과 중국의 위협에 근거해서뿐만 아니라 양국 국민들의 우호적인 인식 변화에 기반을 두고 지속 가능할 수 있음을 논의한다.

II. 한·미·일 협력과 지역 아키텍처

1. 한·미·일 협력에 대한 시각

한·미·일 협력이란 동아시아 역내 미국 주도의 지역 질서 및 세력 균형을 유지하기 위한 주요 기반이다.[1] 냉전 종식과 중국의 부상에 따른 세력 균형 재편 과정은 미·중 양자관계의 조정만을 의미하는 것이 아니며, 오히려 다자적 네트워크에 기반을 둔 미·중 간 영향력 경쟁을 의미한다.[2] 중국의 일대일로, 미국과 일본의 인도·태평양 전략 간의 경쟁에서 알 수 있듯 미·중 경쟁은 강대국 간의 양자적 경쟁이 아닌 강대국 네트워크 간의 경쟁 양상을 보이고 있다. 미국은 자국의 인도·태평양 전략이 포용적inclusive 접근법을 취할 것이라고 언급하지만 실질적으로 미국의 인도·태평양 지역 아키텍처 내부에 중국이 포함되어 있지는 않다. 그러나 미국과 중국의 세력 격차가 줄어들며 각자 자국 네트워크로 한국을 편입시키려 하거나, 각자 네트워크의 위계성을 강조하는 상황은 한국의 역내 운신의 폭을 줄어들게 할 것이다.

결과적으로 미국에 있어 한·미·일 협력이란 아시아 지역의 세력 균형 변화에 대응하기 위한 기제라고 볼 수 있다. 또한 1969년 미국 리차드 닉슨 대통령과 일본 사토에이 사쿠 총리의 정상회담에서 발표된 소위 '한국 조항'의 존재에서 알 수 있듯 한·미·일 안보 협력의 틀

---

1 손열, 2023, pp.125~147; Cha, 1999, pp.3~4.

2 신욱희, 2019b, p.373; Yeo & Chung, 2023, pp.5~20.

에서 일본이 한국의 안보 강화에 기여하는 것은 궁극적으로 일본의 안보에도 도움이 된다는 점을 일본도 인지하고 있었다.[3] 미국의 전진 기지로서 오키나와가 활용되는 것, 그리고 일본 내 위치한 7개의 유엔사 후방 기지가 한반도 유사시 미국을 중심으로 한 유엔사령부에 의해 활용될 것임을 인지하고 이를 위한 후방협력에 합의하고 있었기 때문이다.[4]

한편 냉전 종식 이후 아시아 역내 세력 균형 변화의 중심엔 바로 중국의 부상이 있었고, 그런 맥락에서 한·미·일 협력에 참여하는 데 있어 한국은 중국 변수뿐만 아니라 미국의 동북아 전략을 고려할 필요가 있었다. 냉전 종식 이후 미국은 동아시아에서의 현시presence를 축소하고자 했기 때문에, 미국은 역내 안정을 유지하는 데 있어 동맹국인 일본과 한국의 존재가 매우 중요했다. 또한 탈냉전기 중일 경쟁의 양상은 한국의 전략적 선택에 따라 그 추이가 달라질 수 있다고 미국은 판단했고, 한국이 궁극적으로 한반도 통일을 달성할 시 동맹국인 미국과 인접 국가 일본과의 관계는 어떻게 설정할 것인지, 이 역시 미국에 있어서는 지역 안보 환경 변화를 예측하는 데 있어 간과할 수 없는 요소였기 때문이다. 그러한 점에서 한·미·일 협력의 공고화는 미국에 있어 단순히 '중국'에 대응하는 것 이상의 함의를 담고 있었고, 한국은 이에 대해 고려해야 했다.

한편 이와 같은 현실주의적 시각을 통해 보았을 때, 한국과 일본의

---

3 신욱희, 2019b, p.250.

4 박철희, 2022, pp.153~188.

적대적 관계는 미국에 있어 풀리지 않는 의문이었을 것이다.[5] 즉 물리적 힘의 분포가 아닌 적대적 감정의 분포가 국가의 행동을 지배하는 데에 대한 의문이며, 국가안보에 위협이 되는 세력 균형이 형성되는 상황 속에서도 전략적 이익을 공유하는 한일 양국이 협력하지 않는 상황은 일견 비합리적인 결정이라고 판단할 수 있었을 것이다.

그러나 한국에 있어 한·미·일 협력은 북핵 문제 대응을 위한 기제로서 인식되어 왔다. 1992년부터 시작된 북핵 위기로 인해 한·미·일 협력의 필요성은 높아졌다. 1999년 한·미·일 삼국이 공동으로 운영하게 된 대북정책조정감독그룹Trilateral Cooperation and Oversight Group, TCOG이야말로 한국이 선호하는 한·미·일 협력의 사례를 보여주었다. 물론 당시의 대북정책조정감독그룹의 운영이 순조로웠던 것만은 아니다. 대북정책조정감독그룹을 구축 기반이 되었던 〈페리 보고서Review of United States Policy Toward North Korea: Findings and Recommendation〉는[6] 한미, 한일, 미·일 간 북핵 문제 해결을 위한 이해관계가 동일하지 않지만 상당 부분 일치한다는 전제하에 작성되었고, 그런 의미에서 한·미·일 삼국 간의 정책 조율 필요성을 이미 언급한 바 있다.[7] 그러나 대북정책조정감독그룹이 운영되었던 기간인 1999년부터 2001년 사이 발생했던 북한의 도발, 즉 서해 교전과 미사일 발사 등에 대해 한·미·일 삼국은 서로 다른 위협인식을 보였을 뿐 아니라, 미국의 민주당 클린턴 행정부가 공

---

5 Cha, 1999, pp.1~3.

6 Perry, 1999.10.12.

7 성기영, 2021.11.

화당의 부시 행정부로 교체됨에 따라 협력의 제도화 기회도 갖지 못했다. 보다 근본적으로 한·미·일 삼국은 공통된 대북정책 의제를 도출하지 못했고 여전히 양자 회담을 통해 북핵 대응 입장을 조율하는 등, 대북정책조정감독그룹을 통한 한·미·일 협력은 성공적이지 못했다.

이후 북한의 핵능력이 고도화되고 도발 수위와 빈도가 높아졌으나 한·미·일 협력 차원의 대응은 진전을 보이지 않았다. 오히려 한국은 북핵 문제 해결에 있어 중국의 건설적 역할을 기대하며 중국과의 관계 개선에 집중하였는데, 특히 박근혜 대통령은 한·미·일 협력 확대보다 오히려 한중관계 및 한미관계 병행 발전 전략하에 한국의 지역 전략인 동북아평화협력구상Northeast Asia Peace and Cooperation Initiative, NAPCI을 제시하였다. 미·중 경쟁이 본격화되기 시작하는 시기에 위와 같은 지역 전략을 제시한 박근혜 대통령의 행보는 오히려 한국의 대미 전략적 입지를 약화시켰고, 오히려 일본의 대미 전략적 입지를 강화시키는 결과로 이어졌다.[8]

동북아평화협력구상은 기본적으로 동북아 역내 갈등, 특히 미·중 갈등과 한일 갈등, 북한의 도발 등 다양한 양상의 갈등이 신뢰의 부족이라는 가정에서 시작되었고, 이를 극복하기 위한 기능주의적 처방으로써 비정치적·연성 안보 분야에서의 협력을 시작하여 정치·안보 분야에서의 협력을 도출하겠다는 목표를 설정하였다. 한국은 중견국으로서 그러한 구상을 역내 국가들에 제안하며 동조 국가를 규합하려는 구상을 하고 있었다.[9] 그러나 미국은 동북아평화협력구상보다

---

8 손열, 2023.

는 한·미·일 협력의 중요성을 지속적으로 강조하였고, 일본은 박근혜 정부의 대중 경사 태도를 비판하며 한·미·일 협력체제를 훼손시킨다고 비판하였다.[10] 당시 일본 아베 내각은 오히려 오바마 행정부의 재균형rebalancing 정책에 편승하여 미국이 주도한 환태평양경제동반자협정Trans-Pacific Partnership에 교섭국으로 참여하였고, 미일동맹에 대한 일본의 기여를 확대하기 위한 안보법제 수정, 즉 집단적 자위권을 포함한 군사적 역할을 확대하기에 이른다. 이러한 일본의 전략적 행동은 미·중 경쟁이 시작될 당시 미국에 힘을 실어주는 상황을 연출하게 되었고, 일본의 대미 전략적 가치는 오히려 높아지게 되었다.[11] 한편 취임 당시부터 일본의 왜곡된 역사 인식에 대해 비판적 입장을 견지했던 박근혜 대통령은 한일 정상회담도 거부했다. 그럼에도 불구하고 2015년 위안부 합의는 도출하게 되었는데, 이는 한국 국내 여론의 반발을 샀다.

이후 문재인 정부는 박근혜 정부의 2015년 위안부 합의를 인정할 수 없다고 선언함으로써 한일관계는 다시 한번 냉각되었고, 이후 2018년 화해·치유재단 해산, 대법원 강제 동원 판결, 일본 해상자위대 초계기의 대한민국 해군 함정에 대한 저공 위협 비행 및 레이더 조사 사건, 코로나 팬데믹 계기 입국 금지 조치, 군함도 유네스코 등재 공방 등 다수의 사건으로 인해 양국의 감정적 대립과 불신은 더욱 심화

---

9   김치욱, 2016.

10   손열, 2023.

11   손열, 2018.

되었다.

요컨대 한일관계의 악화와 대립이라는 양자적 차원의 문제가 미·중 경쟁이라는 구조적 문제와 맞물려 한·미·일 협력은 그 동력을 잃게 되었다. 더욱이 북핵 문제 공동 대응이라는 한·미·일 협력의 명분 역시 약화되었는데, 이는 북한을 비핵화 협상 테이블로 끌어낼 수 있는 것은 한·미·일 협력보다 한중관계 개선을 통한 레버리지 확보를 통해 가능할 것이라는 판단 때문이었다. 이러한 여러 상황들은 한·미·일 협력의 전략적 가치를 더욱 떨어뜨리는 결과로 이어졌다.

2. 인도·태평양 지역 아키텍처의 진화와 한·미·일 협력

비록 한·미·일 협력의 전략적 가치는 약화되었으나, 미국 바이든 행정부 집권을 전후로 인도·태평양 역내에는 다양한 소다자협력체들이 등장하였다. 이는 트럼프 행정부가 2019년 〈인도·태평양 전략보고서Indo-Pacific Strategy Report: Preparedness, Partnership, and Promoting a Networked Region〉에서 상정했던 목표, 즉 네트워크화된 안보아키텍처networked security architecture와 궤를 같이한다. 지역 차원의 대규모 다자협의체를 구성하고 제도화하기보다는, 맞춤형이고 잠정적인bespoke and ad hoc, 그리고 구체적인 목표를 달성하는 데 효과적인 협의체를 형성하고자 했다. 실제로 트럼프 행정부는 2019년 인도·태평양 전략보고서를 통해 한국-미국-일본, 미국-일본-호주, 미국-일본-인도 협력 등 소다자 협력의 중요성을 강조하였다. 이후 바이든 대통령은 미국-일본-인도-호주 사이의 쿼드Quadrilateral Security Dialogue, QUAD를 활성화시켰을 뿐만 아니라 미국-영국-호주 사이의 오커스AUKUS를 구축하였다. 또한 파이브아이즈 플러스Five Eyes Plus, G-11 등 기존 협의체의 확장도 시도한 바 있다. 중국은 이러한 일련의 움직임들이 아시아판 나토NATO 구축 시도라고 비판하였으나, 미국 스스로도 위와 같은 맞춤형 연합체가 제도화되어 나토와 같은 형태로 제도화될 것으로 생각하고 있지는 않다.

미국이 이와 같은 형태의 소다자협력체를 조성하는 이유는 인도·태평양 역내 중소국들이 취하고 있는 헤징hedging 전략 때문이다. 즉 미·중 경쟁의 최종 결과가 불확실한 상황 속에서, 이익 구조와 위협인식이 분산되어있는 역내 국가들은 미국과 중국 중 어느 한 국가에 온전히 편승하기 어렵다.[12] 이에 따라 미국은 이익과 위협, 가치 등을 공유할 수 있는 역내 국가들과의 맞춤형 협의체 구축을 통해 이들의 대중국 편승 및 제휴를 예방하려고 한다. 이와 같이 구축되고 있는 일련의 소다자 혹은 다자협의체는 미·중 경쟁 속 세력 균형에 영향을 줄 수 있을 것이고, 궁극적으로 미국이 강조하는 규칙기반 질서를 지탱하는 구조로서 자리 잡게 될 것이다.

이러한 국제환경의 변화에도 불구하고 문재인 정부는 여전히 남북 관계 개선과 이를 통한 북핵 문제 해결이 대외정책의 최우선 순위였으며 이를 위한 중국 역할론에 무게를 두었다. 미·중 경쟁 속에서 미국과의 협력을 강화하는 것이 북한 문제 해결에 도움이 되지 않

---

12 정구연, 2023.

을 것이라는 판단이었다. 이에 따라 바이든 대통령 집권 이후 빠르게 재편되는 지역아키텍처 구축 과정에 한국은 적시에 참여하지 못했다. 한·미·일 협력 역시 마찬가지였다. 윤석열 정부는 바로 이러한 정책적 선택에 비판적이었고, 2022년 대통령 선거 이후 취임 직전까지 한미동맹, 한일관계, 한·미·일 협력 회복을 위한 기반을 마련했다. 글로벌 중추 국가Global Pivotal State 대외정책 비전은 대선 캠페인 과정 중에 이미 공개했으며,[13] 이후 이러한 비전을 구현하기 위한 전략으로서 인도·태평양 전략을 제시하였다. 물론 중국에 대한 외적 균형external balancing을 수행하고 있지는 않지만, 윤석열 정부는 미국과 일본과의 협력을 통해 원칙에 기반을 둔 한중관계로 조정하고자 하는 의지를 보였다. 이는 중국이 여전히 북한 문제에 영향력을 발휘할 수 있는 행위자이기도 하며, 디리스킹 시도에도 불구하고 한중 무역 규모는 적지 않기 때문이다. 그러나 자유민주주의, 규칙기반 질서 등 가치기반 대외정책 기조의 중요성을 강조하는 윤석열 정부에 있어 권위주의적 색채가 짙어지는 중국에 대한 관여가 쉽지는 않을 것이다. 더욱이 남중국해, 동중국해, 서해 등지에서의 현상 변경과 회색지대 도발을 일삼고, 민주주의 국가들에 대한 정보전과 인지전을 시도하는 중국의 행태는 한국의 국가이익에 반하고 있기에 더욱 그러하다. 최근 북한과 중국, 러시아의 전략적 제휴가 확대되는 상황은 동아시아 지역의 진영화로 이어지고 있기 때문에, 이와 관련한 한국의 대중국 정책 마련은 쉽지 않을 것으로 생각된다.

---

13   Yoon, 2022.2.8.

Ⅲ. 한·미·일 협력의 의제와 향후 전망

1. 캠프 데이비드 선언과 협력 의제

2023년 미국 캠프 데이비드에서 열린 한·미·일 정상회담은 상징적으로나 실질적으로 많은 성과를 이뤄냈다. 또한 삼국 정상 모두 각자 남은 임기와 선거 일정 등으로 인해 한·미·일 협력을 신속하게 제도화해야 한다는 생각을 공유했다.[14] 2023년 캠프 데이비드 정상회담은 한·미·일 협력의 역사상 가장 많은, 그리고 높은 수준의 협력을 도출해냈다는 점에 있어 의의를 찾을 수 있을 것이다. 군사안보 현안에서부터 경제안보, 인적교류, 기술협력에 이르기까지 광범위한 분야에서 협력을 도출해냈을 뿐만 아니라 정상급, 외교장관급, 국방장관급, 국가안보실장급 등 각급에서의 한·미·일 협의를 진행함으로써 캠프 데이비드 정신Camp David Spirit을 제도화하겠다는 의지를 보였다.[15] 더욱이 민주주의의 쇠퇴와 규칙기반 질서의 약화가 현저해지는 국제질서 변화 과정에서 한·미·일 협력은 지역 및 글로벌 차원의 문제 해결을 위한 가치기반 연대의 특징도 보이고 있다. 또한 한·미·일 협력은 그동안의 전례와는 달리 한국의 주도적인 노력이 돋보였다.

캠프 데이비드 회담에서 한·미·일 삼국은 1) 캠프 데이비드 정신 Spirit of Camp David이라는 공동성명, 2) 캠프 데이비드 원칙Camp David

---

14 앤드류 여, 2024.

15 박인휘, 2023.

Principles이라는 삼국 협력의 영역, 3) 삼자 협의에 대한 공약Commitment to Consult이라는 세 개 문건에 합의하였다. 그중에서도 〈캠프 데이비드 원칙〉에서 합의한 협력 영역은 광범위하다. 즉 인도·태평양 지역 및 전 세계 평화와 번영을 위한 협력 강화에 합의한 것이고, 이를 위해 경제규범, 첨단기술, 기후변화, 비확산 등 글로벌 이슈에 공동 대응하기로 한 것이다. 이는 한국이 한·미·일 협력을 통해 달성하고자 하는 목표가 북핵 문제에 국한되지 않고 글로벌 이슈로도 확장되었음을 보여준다. 물론 북핵 문제 관련해서도 북한 미사일 경보정보 실시간 공유와 관련해 합의하였고, 우주안보 삼자 대화 등 북한의 핵·미사일 도발에 대해 통합억제 측면에서 대응할 수 있는 계기를 마련하였다. 또한 인도·태평양 수역에서 어떠한 일방적 현상 변경에도 반대한다는 점에 합의하며 중국의 현상 변경 행위를 겨냥한 한·미·일 삼국의 공동 메시지를 발신하였다. 이는 불법 매립 지역의 군사화, 해안경비대 및 해상민병대 선박의 위험한 활용, 강압적 행동, 불법 조업 등 중국이 인도·태평양 일대에서 벌이고 있는 행위에 대한 한·미·일 삼국의 인식을 보여준다. 또한 이와 관련하여 대만 문제 관련, 양안 문제의 평화적 해결을 촉구하며 대만 해협의 안정과 평화가 국제사회 안보와 번영의 필수 요소라는 점을 강조했다. 경제안보 분야에서는 정보공유 확대, 경제 강압 극복을 위한 공급망 조기경보 시스템 시범 사업 출범에 합의함으로써 중국뿐만 아니라 불안정한 공급망 재편 과정에 공동 대응하기로 합의하였다. 또한 기술 유출 방지 관련, 유관 기관들의 교류를 통해 수출통제에 대한 삼국 협력도 강화할 것에도 합의했다.

〈캠프 데이비드 정신〉의 경우 한·미·일 정상회의 이후 공동성명에 붙여진 명칭으로서, 〈캠프 데이비드 원칙〉을 기반으로 삼국 협력 방향에 대한 합의사항을 담고 있다. 예컨대 정상회담과 외교·국방장관 회의, 국가안보실 간 회의 등 최소 연 1회 회의 개최에 합의한 점 등을 포함한다. 군사훈련 역시 마찬가지로 정기적이고 장기적인 훈련을 실시하는 데 합의하였다. 마지막으로 〈삼자 협의에 대한 공약〉의 경우, 동북아 역내·외 공동의 위협 발생 시 정보교환, 메시지 조율 등 공동 대응을 하겠다는 공약을 의미한다.

한·미·일 협력의 영역과 수준이 2023년 캠프 데이비드 회담으로 인해 한층 격상되었지만, 한·미·일 협력이 한미동맹 혹은 미일동맹의 수준으로 격상되는 것은 아니라는 점을 분명히 하고 있다. 또한 한·미·일 협력이 양자동맹을 대체하거나 침해하지 않을 것이라는 점도 명시하였고, 구속력 있는 안보동맹도 아니라는 점을 분명히 했다.

그럼에도 불구하고 한·미·일 세 국가의 전략적 이익 간 접점이 최대로 확대되었다는 점에 있어, 인도·태평양 역내 한·미·일 협의체의 전략적 위상과 가치도 높아졌다고 평가할 수 있다. 그동안 인도·태평양 지역 아키텍처 구축 과정에서 한걸음 뒤로 물러나 있던 한국의 역내 역할과 전략적 이익을 주도적으로 확대했다는 점에서 그 의의를 찾을 수 있겠다. 또한 한국은 과거의 '안미경중,' 즉 안보 협력은 미국과, 경제협력은 중국과 함께하던 헤징 전략에서 벗어나 미국·일본과 함께 안보, 경제, 기술 협력 등 포괄적인 이익의 제휴를 강화하게 되는 계기를 마련하였다.

2. 한·미·일 협력의 향후 전망

향후 한·미·일 협력을 지속 가능하게 만드는 요인은 바로 북한과 중국에 대한 위협인식 공유일 것이다. 먼저, 북한의 경우 핵·미사일 능력이 고도화되고 있을 뿐만 아니라 최근 김정은이 언급한 적대적 '두 국가론'으로 인해 대남 핵무기 사용의 명분을 강화하여 한반도 내 위기 안정성crisis stability이 악화되고 있다. 김정은은 지난 2023년 12월 30일, 노동당 제8기 제9차 전원회의를 통해 "북남관계는 더 이상 동족 관계, 동질관계가 아닌 적대적인 두 국가관계, 전쟁 중에 있는 교전국 관계로 완전히 고착되었습니다."라고 밝히며 대남정책의 전환 및 통일 논의 거부의 입장을 밝힌 바 있다.

이 '두 국가론'의 경우, 지난 2022년 「조선민주주의 인민공화국 핵무력 정책에 대하여」라는 법령을 채택함으로써 공세적 핵 태세를 취하려는 움직임을 보인 것과 같은 맥락에서 이해할 수 있다. '두 국가론'은 북한이 한국과의 체제경쟁 및 통일 경쟁에서 더 이상 우위를 담보하기 어렵다는 것을 시인한 것으로 볼 수 있고, 핵무기라는 비대칭무기를 통해서만이 남북한 군사력 균형에 영향을 미칠 수 있다고 판단한 것으로 분석할 수 있다. 그렇기 때문에 더욱 북한의 공세적 핵 태세를 보여주는 핵 독트린이 필요했을 것이다. 물론 핵 독트린이라는 것은 군이 명시적으로 밝힐 필요가 없으며, 일반적인 핵보유국, 예컨대 미국의 경우 핵을 사용해야 하는 구체적인 상황과 조건에 대해 밝히지 않는다. 북한의 경우, 2022년 법령을 통해 "대량 살륙 무기 공격이 감행되었거나 림박하였다고 판단되는 경우. 적대세력의 핵 및 비핵 공격이 림박하였다고 판단되는 경우…" 등으로 핵무기 사용의 조건을 모호하게나마 언급하고 있다. 그러나 중요한 것은 2013년 북한이 발표한 핵보유국법, 즉 "자위적 핵보유국 지위를 더욱 공고히 할 데 대하여"와 비교해 볼 때 핵무기 사용의 임계점이 매우 낮아졌다는 점이다.[16] 2013년 핵보유국법의 경우, 그해 2월 3차 핵실험 이후 북한이 스스로의 행보를 대내외에 과시하고자 하는 목적이 중요했다면, 2022년의 핵 독트린의 경우 북한 핵무기의 억제력과 안정성을 좀 더 강화하기 위한 구체적인 핵교리 혹은 선언 정책declaratory policy이라고 볼 수 있다.[17]

물론 북한이 공세적 핵 태세를 유지하려고 한다면, 이는 평시에도 핵무기를 운용이 가능한 상태로 유지하여야 한다는 것을 의미하므로 김정은 체제의 경제적 내구력에 부정적인 영향을 주며, 그 지속가능성에 의문을 제기할 수 있을 것이다. 그럼에도 불구하고 이러한 공세적인 행보는 한·미·일 협력의 명분도 강화시키기에 충분하다.

두 번째로, 중국의 급격한 군사력 증강과 동중국해·남중국해를 포함한 서태평양 일대에서의 현상 변경 행위는 이미 잘 알려진 사실이다. 또한 중국의 외교정책이 점차 공세적이고 민족주의적인 방향으

---

16 김보미, 2022.9.13.

17 황일도, 2022.9.14.

로 선회하면서 중국의 대만 공격 가능성에 대한 우려도 커지고 있다. 더욱이 중국과 북한, 러시아와의 전략적 제휴alignment가 심화하는 최근의 상황은 한·미·일 협력을 더욱 강화해야 하는 명분이 되고 있다. 물론 중국과 북한, 러시아의 협력은 한·미·일 협력과 같은 견고한 삼국 협력이라기보다는 양자 협력이 중첩된 거래적 이해관계로 보인다. 다만 중국, 러시아, 북한 모두 미국이 지탱해온 동아시아 세력 균형뿐만 아니라 규칙기반 질서에 불만을 보이고 있다는 점에 있어 공통의 이해를 찾을 수 있을 것이다.[18] 물론, 이로 인해 동북아 안보 환경의 진영화 혹은 신냉전의 도래라는 비판도 존재하나, 세 국가의 제휴에 대응하기 위한 한·미·일 협력은 더욱 공고해질 수 있을 것이다.

한편 한·미·일 협력이 지속할 수 있는 요인으로는 한일 양국 내 여론 변화도 들 수 있다. 한일관계는 오랜 시간 한·미·일 협력의 '약한 고리'로 평가받았다. 양국은 역사문제를 둘러싼 감정적 대립과 불신으로 상호 전략적 가치를 평가절하하며 협력에 주저해 왔다. 물론 미국은 중국의 부상으로 인해 한·미·일 협력을 복원시키려 노력해 왔다. 특히 버락 오바마 행정부 당시 미국은 이제까지의 소극적 중재의 입장에서 벗어나 좀 더 적극적인 개입 역할을 하며 한국과 일본 정부가 각각 자국 국민들을 설득할 수 있도록 지원하고자 했다.[19] 한일 양국 국민들은 서로에 대한 불신으로 인해 한·미·일 협력에 대한 지지 수준이 낮았기 때문이다.

---

18 브루스 클링너, 2024.
19 손열, 2023.

이러한 상황에서 윤석열 정부는 첨예한 역사문제 중 하나인 강제 동원 문제에 관해 〈제3자 변제안〉을 제시하며 한일 셔틀 외교 복원을 시도하였다. 물론 일본 기시다 정권은 매우 낮은 지지도를 기록하고 있었고, 과거 일본의 강제 동원에 대해 실질적인 사과와 반성을 하고 있지 않아 〈제3자 변제안〉은 한국 국민들로부터도 지지를 받기 어려웠다.[20] 그럼에도 불구하고 한일관계 복원은 외부의 위협, 즉 미·중 경쟁과 북한, 규칙기반 질서의 약화라는 전략 환경에 대응하는 데 있어 한일 양국의 이해가 맞닿았기 때문에 가능했다고 평가할 수 있다. 한일 양국은 동아시아 세력 균형의 변화에 대해 현실주의적 접근법을 택하게 되었고, 이제까지 양국의 협력을 저해하던 역사문제보다 공통의 전략적 이익과 민주주의 국가로서의 정체성, 그리고 규칙기반 질서의 복원을 강조하는 유사 입장국으로서의 대외적 정체성을 우선시하게 되었다고 볼 수 있다. 또한 양국 국민들도 그러한 점에 있어 한·미·일 협력의 필요성에 대해 동의하는 듯하다.

지난 2024년 4월 강원대학교 사회과학연구원과 한국리서치가 공동으로 수행한 한일관계 상호인식조사에 따르면, 한·미·일 협력에 대한 한일 양국 국민의 상대적으로 긍정적인 인식을 확인할 수 있다.[21]

---

20 최은미, 2023.3.13.

21 본 여론조사는 2024년 3월 20~25일까지 총 6일간 온라인으로 실시되었으며, 한국의 만 19세 이상 69세 이하 국민 1,031명, 일본의 만 19세 이상 69세 이하 국민 1,124명을 대상으로 했다. 국가별 만 19세 이상 69세 이하 남녀를 주민등록인구 현황에 근거해 성별, 연령별, 지역별 인구구성비에 맞추어 무작위 추출하였고, 95% 신뢰수준에서 최대 허용 표본 오차는 ±3.1%였다.

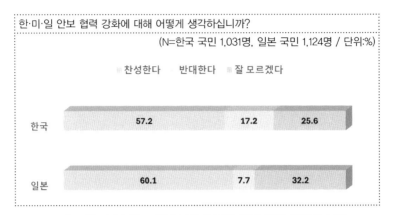

그림 1. 한·미·일 안보 협력 강화에 관한 한일 양국 국민의 의견

〈그림 1〉에서 알 수 있듯, 한국과 일본 양국 국민은 한·미·일 안보 협력에 대해 상당히 긍정적인 태도를 보이고 있다. 한국의 경우 응답자의 57.2%, 일본의 경우 응답자의 60.1%가 한·미·일 안보 협력 강화에 대해 찬성하고 있다.

〈그림 2〉의 경우, 한·미·일 안보 협력 강화에 찬성하는 이유에 대한 응답자들의 대답을 정리한 것이다. 한국 응답자의 경우 압도적인 비율로 북한 비핵화를 그 이유로 제시하였다. 일본 역시 적지 않은 비율로 북한 비핵화를 위해 한·미·일 안보 협력이 중요하다는 입장을 보였으나, 일본 응답자들은 북한보다 중국을 견제하기 위한 목적으로 한·미·일 안보 협력을 강화하고자 한다. 물론 이는 한국과 일본 양국의 대외정책적 우선순위와 위협인식의 차이에서 비롯된 결과라고 볼 수 있으나, 양국 국민 모두 한·미·일 협력의 유용성과 필요성에 대해 동의하고 있다는 점은 향후 한미일 협력이 지속 가능할 수 있는 기반

이 될 수 있을 것이다.

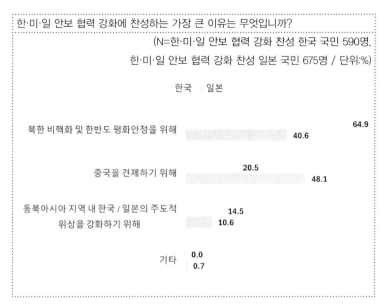

그림 2. 한·미·일 안보 협력 강화에 찬성하는 이유

이러한 결과는 기존 연구와도 일치한다. 최근에 실시한 여론조사 기반 연구에 따르면, 북한에 대한 위협인식이 높을수록 일본과의 관계 개선에 호의적인 태도를 보이고 있으며, 중국과 북한을 위협적으로 인식할수록 한·미·일 삼각 협력에 관해서도 찬성하는 비율이 높았다.[22] 더욱이 최근 한국 대중문화에 대한 일본인들의 호의적 인식은 한국에 대한 호감도로 이어지고 있으며, 특히 일본 내 Z세대를 중심으로 이러한 호감도가 현저하게 나타났다.[23]

---

22 정상미, 2023.

요컨대 세대가 변화하며 한일 간 상호인식 변화가 관찰되고 있으며, 한국인의 대일 인식에는 단순히 반일 감정만이 존재하는 것이 아니라 전략적 사고가 공존하고 있음을 알 수 있다. 물론 한일 양국의 전략적 이익의 수렴에는 한계가 있을 것으로 예상된다.[24] 이는 역사문제의 근본적 해결이 어려운 만큼 한일협력과 한·미·일 협력의 수위는 한미동맹의 수준까지 끌어올리기 어려울 것이기 때문이다. 또한 한국 내 한·미·일 협력에 대한 지지 여론은 높아진 것은 사실이나, 여전히 한·미·일 협력에 대해 우려하는 목소리도 존재한다. 즉 한·미·일 협력의 강화로 인해 중국과 북한과의 긴장 관계가 높아질 것이라는 우려, 또한 독도 문제와 같이 타협할 수 없는 역사문제 해결에 대한 레버리지가 약화된다는 우려 등이 이에 해당한다. 이러한 우려는 한국 내 보수-진보의 이념적 스펙트럼상에 양극화되어 존재하고 있어, 2027년 한국 대통령 선거에서 진보 정부로 정권교체가 이뤄질 시 한·미·일 협력의 동력은 약화될 가능성이 높다.

마지막으로 향후 한·미·일 협력의 전망에 불확실성을 가져다주는 것은 바로 미국의 2024년 11월 대통령 선거 결과일 것이다. 2024년 미국 대통령 선거에서 어떤 후보가 승리하느냐에 따라 한·미·일 협력에 대한 미국의 시각이 달라질 수도 있다. 특히 공화당 후보인 도널드 트럼프 전 대통령이 재선에 성공할 경우 한·미·일 협력이라는 소다자협력의 가치와 위상을 어떻게 판단할 것인지 불확실하다. 앞서 논

---

23 김선영, 허재영, 2023.

24 손열, 2023.

의한 바와 같이 한·미·일 협력은 미국의 인도·태평양 안보 아키텍처의 주요 구성요소이다. 물론 미국의 인도·태평양 전략은 2019년 트럼프 행정부 당시 최초로 공개되었는데, 당시 이 보고서는 동맹 및 파트너 국가들과의 네트워크 구축을 통한 집단안보 구현, 경제적 번영 및 굿 거버넌스의 확대 등 분명 이전 행정부들이 아시아에서 추구했던 목표들을 공유하고 있었다. 오바마 행정부의 아시아 재균형rebalancing 기조를 버리고 고립주의로 회귀할 것이라는 세간의 우려와는 달리 트럼프 대통령은 분명 인도·태평양 지역에 대한 공약을 보여주었다. 다만 미국 우선주의America First라는 범정부적 기조로 인해 트럼프 행정부의 인도·태평양 전략은 거래주의적 태도와 양자적 협상에 대한 천착, 권위주의 지도자들에 대한 호의적인 태도, 보편적 가치의 방기, 관세와 제재에 대한 과도한 의존으로 대중국 디커플링 시도 등, 인도·태평양 전략이 의도했던 것과 달리 분열적 국제환경을 조성하였다(Ford, 2020). 특히 동맹국에 대한 과도한 분담금 요구와 미군 철수 레토릭 남발은 동맹 체제의 약화로 이어지기도 했다. 한·미·일 협력의 경우, 이러한 인도·태평양 안보 아키텍처를 구성하는 중요 협력체로서, 이에 대한 미국의 공약은 매우 중요하다. 이러한 점을 고려해 볼 때, 과연 2024년 11월 미국 대선에서 어떠한 후보가 대통령으로 당선될 것인지, 그리고 그로 인해 미국의 국제질서 운용 방식이 어떠한 방향으로 변화할지가 향후 한·미·일 협력이 지속될지 여부를 결정하는 관건이 될 것이다.

Ⅳ. 한·미·일 안보 협력의 제도화와 도전 요인

2023년 캠프 데이비드 정상회담을 통해 추동력을 얻게 된 한·미·일 협력은, 오랜 시간 역사적 부침 속에 그 전략적 가치가 다르게 평가되어왔다. 최근 미·중 강대국 경쟁과 쇠퇴하는 규칙기반 질서 속에서 한·미·일 협력은 그 전략적 가치가 높아졌을 뿐만 아니라, 협력의 영역을 넓힘으로써 더욱 그 가치가 높아지고 있다.

향후 한·미·일 협력은 제도화의 수준에 따라 그 가치가 변화될 수 있을 것이다. 먼저 오랫동안 우려의 대상이었던 한일관계 개선이 지속될 것인가의 여부가 중요하다. 한일관계는 국내정치 동학과 밀접하게 연결되어 있다는 점을 고려해 볼 때, 한일 양국 정상에게 남겨진 임기 동안 관계 개선의 모멘텀을 유지하는 것이 중요할 것이다.

이러한 국내정치적 동학은 미국에 의해서도 영향을 받을 것이다. 2024년 미국 대통령 선거에서 트럼프 전 대통령이 재선에 성공한다면, 미국이야말로 한·미·일 협력의 '약한 고리'가 될 가능성이 높다. 미국 우선주의 기조하에 동맹국에 대한 양자적 거래주의 접근법을 여전히 채택한다면, 사실상 인도·태평양이라는 전략 공간의 내구력이 약화될 수 있기 때문이다. 지역 전략으로서의 인도·태평양 전략이 유명무실해질 가능성도 있다. 지난 트럼프 행정부 때 경험했듯, 국제사회는 유사 입장국 간의 연대를 시도하기보다 각자도생의 노선으로 선회할 수 있기 때문이다. 한·미·일 협력은 미국 대외정책에 있어서도 중요한 요소이지만, 이미 트럼프 전 대통령의 대선 캠페인 과정에서 그 가치가 퇴색되었다. 이스라엘-팔레스타인 전쟁, 우크라이나 전쟁, 중국의 대만 공격 가능성 등 미국은 두 개 이상의 전선에서 갈등과 긴장 관계 속에 놓여있기 때문에, 한·미·일 협력과 같은 외교적 성과는 유권자들의 눈에 띄지 못하는 상황이다.

한·미·일 협력의 장기적인 제도화는 이러한 국내정치적 난관을 극복한 후에야 비로소 가능할 것이다. 과거 문재인 정부가 이전 박근혜 정부의 위안부 합의를 받아들이지 못했고, 미국 역시 오바마 행정부에서 트럼프 행정부로 바뀌며 많은 국제 협정의 폐기와 국제기구 탈퇴를 이어갔다. 국가 간 합의가 국내정치적 동학에 얼마나 취약한지 이미 많은 사례에서 확인된 바 있다. 그럼에도 불구하고 한국과 일본 국민들의 한·미·일 협력에 대한 우호적인 태도가 확인된 것은 중요하다. 단순히 한·미·일 협력에 대한 것뿐만 아니라 한일 양국의 상호 우호적인 인식이 형성될 수 있는 계기라고도 볼 수 있기 때문이다. 또한 한·미·일 협력은 강대국 관계의 변화에 따라서도 그 모멘텀이 달라질 수 있다. 지금은 한·미·일-북·중·러의 진영화된 구도 속에서 강대국 경쟁이 극대화된 시점이다. 그러한 맥락에서 한·미·일 협력의 전략적 가치는 높아질 수밖에 없다. 물론 북·중·러 사이의 연대가 약화되거나, 미·중 간의 전략적 협력 영역이 확대될 경우 그 가치는 변화할 수 있다.

요컨대 한·미·일 협력은 오랜 시간 부침을 겪어왔던 것만큼, 지금과 같은 높은 수준의 협력을 달성한 것은 분명 주목할 만하다. 향후 국내정치 동학 및 강대국 관계 조정에 따라 분명 그 협력의 모멘텀이 변화할 가능성도 존재한다. 다만 한국이 많은 외교적 자원을 투입한 한·미·일 협력이 앞으로도 한국의 전략적 이익 달성에 기여하고 동시에 인도·태평양 역내 한국의 위치를 제고하도록 해야 할 것이다. 인도·태평양 전략 공간은 앞으로도 장기간 유지될 것이고, 이와 같이 새로운 지역 아키텍처가 형성되는 과정에서 한국의 입지가 확보되기를 기대한다. 이 과정에서 한·미·일 협력은 한국 외교의 부채가 아닌 자산으로서 기여하기를 기대한다.

정구연

강원대학교 사회과학대학 정치외교학과 교수로 재직 중이다. 미국 캘리포니아 로스앤젤레스대학교에서 정치학 박사학위를 받았으며, 동 대학교와 고려대학교, 한양대학교 등에서 강의했고 국립외교원 객원교수, 통일연구원 연구위원을 역임했다. 현재 미국 대외정책, 국제 안보와 과학기술의 연계에 관심을 두고 있으며 대외정책 결정 과정과 여론의 영향력을 정량적으로 분석하는 연구를 진행하고 있다. 주요 논문으로는 미국의 지역안보 아키텍처와 한국의 역할에 관한 "Recalibrating South Korea's Role and Regional Network in the Indo-Pacific"(2023), 한국 대중의 대북 위협인식에 관한 "South Korean Public's Threat Perception of North Korea and Support for the US Extended Deterrence"(2024) 등이 있다. 저서로는 *Public Diplomacy of South Korea*(공저, 2024), *Examining Small to Medium Powers in Emergent Great Power Competition*(편저, 2024)이 있다.

제5장

일본의 입장과 정책: 제도화를 지향하는 한·미·일 안보 협력

송화섭

I. 대북정책 조정에서 시작된 한·미·일 안보 협력

한·미·일 안보 협력은 북한의 핵 개발에 대응하기 위해 1994년 11월 인도네시아에서 처음으로 한·미·일 정상회의가 개최된 이후, 1998년 8월 북한이 일본 열도를 통과하는 탄도미사일 시험발사를 계기로 1999년 4월 한·미·일 간에 대북 정보공유와 대북정책 상호 조율을 위해 3자 간 협의체를 결성하기로 합의하면서 시작되었다.[1] 이를 바탕으로 1999년 6월 제1차 대북정책조정감독그룹TCOG: Trilateral Cooperation and Oversight Group 회의가 개최되었다. 이후 실질적인 활동은 있었으나

---

1 한국과 미국이 한미상호방위조약, 미국과 일본이 미일안전보장조약을 체결하고 있었고 1965년 한일 국교정상화가 되면서, 한·미·일 3국 간에는 한·미·일 안보 협력에 대한 인식이 존재하고 있었다고 할 수 있다.

2002년 북핵 위기, 2003년 6자회담 출범 등으로 TCOG는 그 동력을 상실하여 해체되었다.[2]

이후 한·미·일 안보 협력은 한·미·일 안보회의DTT: Defense Trilateral Talks 를 통해 그 동력을 유지하였다. 한·미·일 안보회의에서는 북한 핵·미사일 위협 평가, 정보공유 및 해적 퇴치 방안, 인도적 지원·재난구호의 정보공유 등 전통적 위협 및 비전통적 위협에 관한 대응 방안 등이 논의되었다. 2014년 4월 네덜란드 헤이그에서 개최된 한·미·일 정상회의에서 오바마 대통령이 한·미·일 3국 공조 강화 방안의 하나로 DTT를 제안하면서, 이후 DTT는 3국 간의 정보공유와 정책 공조를 강화하기 위한 회의로 자리 잡게 되었다.

2014년 12월 한·미·일 정보공유약정TISA: Trilateral Information Sharing Agreement이 체결되면서 한·미·일 간의 정보공유가 시작되었고, 2016년 11월 한일 군사정보포괄보호협정GSOMIA: General Security of Military Information Agreement이 체결되면서 한·미·일 3국 간의 실질적인 정보공유가 가능해져 한·미·일 안보 협력이 진전되었다.

한·미·일 간의 정보공유뿐만 아니라 한·미·일 공동 훈련도 실시하게 되었다. 2016년에는 4월의 북한 4차 핵실험으로 6월에 최초로 한·미·일 미사일 탐지 추적훈련을 실시하였고, 9월의 5차 핵실험을 계기로 한·미·일 미사일 탐지 추적훈련이 정례화되었다. 2017년에는 4월에 처음으로 한·미·일 대잠수함전 훈련이 실시되었고, 10월에는 9월의 6차 핵실험을 계기로 미사일 경보 훈련, 대잠수함전 훈련을 지속적으

---

2 성기영, 2021.11., p.3.

로 실시하기로 발표했다. 이와 같이 한·미·일 안보 협력은 북한의 핵·미사일 위협이 높아질 때, 이에 대한 대응 수단으로 진전되어 왔다.

이후 남북 관계와 북미 관계가 대화 분위기로 전환되면서 2018년부터 한·미·일 공동 훈련이 중단되었다. 그리고 한일관계가 악화되면서 2019년 8월 한국이 지소미아의 종료를 결정하여 한일 간의 정보 공유가 중단되었고, 한·미·일 안보회의도 2020년 5월 제12차 회의를 끝으로 중단되었다.

2022년 5월 윤석열 정부가 출범하면서 6월 스페인 마드리드에서 4년 9개월 만에 한·미·일 정상회의를 개최하였고, 한·미·일 대잠수함전 훈련, 미사일 방어 훈련이 재개되었으며, 2023년 3월 지소미아도 정상화되었다. 4월에는 제13차 한·미·일 안보회의도 개최되었다. 한·미·일 안보 협력이 복원된 것이다.

한·미·일 안보 협력은 북한 위협으로 시작되어 한일관계로 일시적으로 중단되었으나, 2022년 5월 이후 다시 복원되었다. 그리고 2023년 8월 캠프 데이비드에서 최초로 국제회의 없이 단독으로 한·미·일이 정상회의를 개최하고, 캠프 데이비드 정신, 원칙, 공약 등 3개의 문서를 발표하였다. 발표된 3개의 문서에는 정상 및 장관급 회담의 정례화, 긴급 시의 신속한 협의에 대한 공약, 한·미·일 군사훈련 정례화, 국장급 인도·태평양 대화 창설, 공급망 안정을 위한 협조 등 많은 내용이 담겨있다. 이 글에서는 이와 같이 격상되고 있는 한·미·일 안보 협력에 대해 일본은 어떻게 평가하고 있으며, 일본은 어떤 도전 요인들이 과제로 남아 있다고 보는지 검토해 본다.

Ⅱ. 한·미·일 안보 협력의 영역 확대와 제도화[3]

캠프 데이비드 정상회의 이후 일본 내에서는 한·미·일 파트너십의 신시대 도래, 협력 분야의 업그레이드, 회담의 성과는 역사적이었다고 평가하고 있다.[4] 혹은 한·미·일 협력의 아젠다 확대, 협력 및 협의의 심화 및 제도화에 이르렀다고 평가하고 있다.[5] 여기서는 그간의 성과를 한·미·일 협력의 제도화, 한·미·일 협력의 확대 관점에서 정리해 본다.

1. 한·미·일 협력의 제도화

먼저 3개국 협력이 제도화되었다는 점을 가장 높게 평가한다. 특히 오바마 행정부에서 부통령을 지낸 바이든 대통령은 한일 간의 불화를 중재한 경험을 살려, 한미일 3국에서 어떠한 정권교체가 일어나더라도 한·미·일 안보 협력을 지속시켜야 한다는 강한 의지에 기반을 두고 캠프 데이비드 정상회의를 기획하였고, 캠프 데이비드 합의가 유지되어야 한다는 점을 강조했다. 바이든 대통령은 2023년 5월

3　한·미·일 안보 협력의 성과에 대한 선행연구로는 李信愛(2023.7.11.), 박명희(2023.10.5.), 阪田恭代(2024.3.31.) 등이 있다. 한·미·일 안보 협력의 성과에 대한 일본 측의 시각을 검토하기 위해서는 아사히, 마이니치, 닛케이신문의 朝日新聞(2023.8.19.), 毎日新聞(2023.8.19.), 日本経済新聞(2023.8.21.) 기사 내용을 주로 참고하였다.

4　小谷哲男, 2023.9.1.

5　阪田恭代, 2024.3.31.

히로시마 G7 정상회의에서 한·미·일 정상회의 초청 의사를 밝혔고, 일본은 미·일 간에 사전 조율이 없었기 때문에 주저하였으나, 미국 측의 강한 의지에 따라 정상회의가 성립되었다고 한다. 미국 내에서는 회담이 가까워지자, 기자회견, 강연회 등을 통해 미리 성과를 강조하여, 관심을 모으기 힘든 주제인 한·미·일 협력에 대해 언론의 관심을 모으려고 노력했다고 알려져 있다.

한·미·일 협력의 제도화란 앞으로 세 나라 각각에서 정권교체가 일어난다고 해도 협력이 계속되도록 한다는 지속성에 대한 의지가 반영되었다. 이를 위해 각급 회의를 정례화시키고 한·미·일 군사훈련도 정례화시키겠다는 의지가 반영된 것이다. 바이든 대통령이 정상회의 후 기자회견에서 한·미·일 협력이 지금까지와 다른 것은 제도로서 대처를 시작하는 것이라고 강조했다. 기시다 수상은 "다양한 회의의 정례화가 한·미·일 각국의 국내 정치로부터 영향을 받는 리스크를 줄이는 것으로 연결될 수 있다"라고 긍정적으로 평가하고 있다.[6] 미국의 관계자들도 제도화, 고착화 같은 용어를 빈번히 사용하였다. 동맹국에 과도한 역할 분담을 요구했던 트럼프 행정부, 한일관계 악화 등 한·미·일 3개국의 국내 사정에 따라 한·미·일 협력에 관한 관심이 저하되었던 경험이 있었기 때문이다. 미사일 경보 데이터의 실시간 공유를 실행하게 된 것도 협력의 틀을 지속적으로 만들기 위한 것이며 한·미·일 안보 협력의 업그레이드 성과이다.[7]

---

6 每日新聞, 2023.8.19.

7 小谷哲男, 2023.9.1.

제도화를 위한 또 다른 노력은 어느 한 국가가 안보상의 위협을 느꼈을 때 신속하게 대응을 협의하도록 하는 협의에 대한 공약이다. 공동의 이익과 안보에 영향을 미치는 지역적 도전, 도발, 그리고 위협에 대해, 한·미·일이 대응을 조율하기 위해 서로 신속하게 협의한다는 것을 약속한 것이다.[8] 안보에 영향을 미치는 사태에 대해 한·미·일이 협의하겠다는 약속에 법적 구속력은 없다. 그럼에도 불구하고 이러한 약속을 한 것은 안보 분야에서의 한·미·일 협력을 더욱 강화하기 위한 미국의 의도가 반영된 것으로 평가한다. 법적 구속력은 없지만 결국 일본의 안전보장 강화에 도움이 된다고 본다.

협의에 대한 공약은 미·일 안전보장조약 제4조 및 한미 상호방위조약 제2조의 내용을 3국의 틀에 적용하는 것이다. 북대서양조약 제4조에도 같은 규정이 있는데 이를 의식한 것으로 평가한다. 또한 북한의 무력 위협과 행사는 물론, 대만 유사시에도 3국이 신속하게 대응을 논의할 것으로 예상하면서, 대만 유사시에는 3국에서 이에 공동 대처하기보다는 대만해협 및 한반도 유사가 복합적으로 발생하는 사태에 대비한 협의가 진행될 것으로 보고 있다.[9]

기시다 수상은 캠프 데이비드 회의를 안보 협력을 새로운 단계로 끌어올리는 것으로 평가하면서, 바이든 대통령 및 윤석열 대통령과의 신뢰 관계를 한층 더 깊게 하는 귀중한 기회가 되었다고 평가했다. 윤석열 대통령도 3국 협력에서 가장 핵심적이고 상징적인 분야가 안

---

8 대통령실, 2023.8.18a.

9 小谷哲男, 2023.9.1.

보 협력 분야라고 언급했다. 일본 정부 관계자는 "미일, 한미 각각의 동맹이 같은 방향을 향하고 있지 않은 적이 있었다."라고 회고하면서 이번 한·미·일 협력을 획기적이라고 평가했다.[10]

그러나 제도화를 위한 노력은 긍정적으로 평가하지만, 과연 현 수준의 제도화가 국내정치의 변화를 극복할 수 있을지에 관해서는 회의적인 시각도 있다.[11] 한국의 경우 한·미·일 협력이 진전된 것은 미국, 일본과의 협력을 우선하는 윤석열 정부가 있었기 때문에 가능했다. 한일관계가 급속히 정상화되고 개선된 것이 한·미·일 협력 강화로 이어진 것이다. 그러나 이와 같은 윤석열 정부의 정책에 대해 한국 내의 야당의 비판도 만만치 않기 때문에 일본 정부 내에서는 장래 한국의 대응이 바뀔지도 모른다는 우려도 지속되고 있다. 미국에 대해서도 2024년 11월에 대통령 선거 결과 트럼프가 복귀하게 되면 한·미·일 안보 협력에 관한 관심이 저하될 수도 있다고 우려하고 있다.

바이든 대통령은 어느 한 나라에 영향을 주는 위기 시에 정보를 공유하고 대응을 조정하기 위한 핫라인을 가질 것이라고 말했지만, 공동성명에서는 핫라인이라는 표현은 이용되지 않았고 "3개국의 의사소통의 메커니즘을 개선한다."라고만 적혀있다. 일본 정부 관계자는 "우리는 핫라인이라는 단어를 사용하지 않는다."라고 말해 온도 차가 있다.

---

10 朝日新聞, 2023.8.19.

11 毎日新聞, 2023.8.19.

지금까지 3국 협력을 강화하고 그 지평을 넓혔다는 의미에서 확실히 한·미·일 정상회의는 '역사적'이었다. 그러나 향후 정권교체가 일어났을 경우에 캠프 데이비드 정신이 공유되지 않게 될 가능성은 부정할 수 없다. 한·미·일 정상회의는 3국 각각의 정권이 같은 방향을 향하고 있기 때문에 이뤄진 것이며 오히려 드문 기회였다. 정상회의를 정례화하더라도 한 나라라도 기본적인 대외정책 방침이 다르면 시너지 효과를 기대할 수 없다. 한·미·일 3국이 앞으로 해야 할 일은 각국의 국내 사정에 좌우되지 않고 3국 협력을 추진할 수 있도록 실무 차원의 틀을 강화하는 것일 것이다.

2. 한·미·일 협력의 확대

종래의 한·미·일 협력은 북한 핵 및 미사일 문제에 대한 대응에 초점이 맞춰졌지만 새로 합의된 한·미·일 안보 협력은 그 범위가 인도·태평양으로 확대되었고, 우크라이나 문제까지 언급하였다. 캠프 데이비드 문서에서는 중국이 위압이나 현상 변경 행동을 강화하고 있다는 것을 배경으로, 인도·태평양 지역에서의 법의 지배에 근거한 질서 유지를 언급하였고, ASEAN이나 태평양 도서국과의 개발이나 해양 안보 분야에서의 협력을 내세운 것에도 지역의 안정과 번영에 공헌하는 3개국의 결의를 나타낸 것이다.[12]

이와 같이 한·미·일 협력의 지리적 범위가 확대된 것과 함께 한·미·

12　阪田恭代, 2024.3.31.

일 협력의 어젠다도 확대되었다. 즉 군사·방위에서 경제·기술 안보, 글로벌 과제, 개발금융 협력, 사회적 과제, 인적 교류·차세대 육성까지로 확대되었다.

한·미·일 안보 협력을 강화하는 것은 핵·미사일 개발을 추진하는 북한에 대한 대처뿐 아니라 미국과 패권을 다투는 중국에 대한 대처도 염두에 둔 것이다. 캠프 데이비드 공동성명에서 한·미·일 3국은 "역내 평화와 번영을 약화시키는 규칙기반 국제질서에 부합하지 않는 행동에 대한 우려를 공유한다. 최근 남중국해에서의 중국에 의한 불법적 해상 영유권 주장을 뒷받침하는 위험하고 공격적인 행동과 관련하여, 한·미·일 3국은 각국이 대외 발표한 입장을 상기하며 인도·태평양 수역에서의 어떤 일방적 현상 변경 시도에도 강력히 반대한다."라고 하며 규칙기반 국제질서를 지키지 않는 중국의 일방적 현상 변경 시도에 대한 반대 입장을 밝히고 있다.

미국은 중국이 군사 및 경제면에서 대두하여 동북아의 힘의 균형을 깨고 있는 데 대해, 하나가 된 한·미·일을 강조해 중국을 견제하려는 목적이 있었다. 바이든 대통령은 2023년 8월 18일 공동 기자회견을 통해 한·미·일 정상회의에서 중국 문제를 논의한 사실을 밝히고, 공동성명에 중국을 지목한 것은 최초이며 종전보다 한 발짝 더 나아갔다고 언급했다.

기시다 수상은 "동중국해, 남중국해에서의 힘에 의한 현상 변경의 시도는 계속되고 있다"라고 언급하면서 대중 억제를 포함한 3개국 협력의 중요성을 지적했다. 일본 언론도 캠프 데이비드 정상회의는 중국과의 전략적 경쟁에서 일정한 성과를 낸 것으로 중국에 유화적이었던 한국을 미국 측에 끌어들여, 민군 양면에서 핵심인 반도체 공급망의 강화에도 합의하여 중국에 대해 한·미·일 연대감을 과시했다고 평가했다.[13]

한편 한·미·일 3국은 모두 중국의 패권 확대를 막으면서 충돌이나 긴장을 피하고 싶은 것이 본심이다. 기시다 수상은 공동 기자회견에서 대중 정책에 대해 "주장해야 할 것은 주장하면서 대화를 거듭해, 건설적이고 안정적인 관계를 구축하는 것이 일관된 방침"이라고 언급하였다. 미국 행정부 고위 관계자도 3국 모두 주요 무역 상대이자 세계의 중요한 플레이어인 중국과는 안정된 관계를 원하고 있다고 지적했다. 이러한 사정을 고려하여 공동성명에서 대중 비난 표현은 자제되었다. 일본 외무성 간부는 "전체적인 톤으로 중국을 자극하는 내용은 포함시키지 않는 방침이었다."라고 밝혔다.[14]

---

13 每日新聞, 2023.8.19.

14 한국 정부의 고위 관리가 8월 13일 한국 기자단 브리핑에서 "중국을 직접 명기하여, 한·미·일이 중국을 적대시한다거나, 중국 때문에 특정 행동을 취한다는 표현이 들어가지 않을 것"이라고 언급하였다고 하면서, 공동성명 작성 과정에서 특히 한국이 중국이란 글자를 넣는 것에 신중했다는 주장도 있다(牧野愛博, 2023.8.25.).

III. 한·미·일 안보 협력의 과제[15]

한·미·일 협력 제도화의 첫걸음을 내디뎠고, 협력의 범위도 지리적 및 내용 면에서 확대되었다. 그러나 한·미·일 안보 협력이 지속되고 발전해 나가기에는 다음과 같은 과제들이 남아있다고 보고 있다.

1. 북한 핵·미사일 위협에 대한 대응

한·미·일 협력의 시발점이 되는 북한 핵·미사일 위협에 대한 대응에 있어서는 한국군, 미군, 자위대의 공동 훈련의 정례화, 북한 사이버 공격에 대한 대책을 마련하는 실무그룹의 구성이 합의되었다. 그러나 사이버 방위 분야에 일본은 미군과의 정보공유에 대해서는 검토하고 있지만 한국군과의 연계에는 신중한 의견이 적지 않은 것으로 알려지고 있다.

나아가 북한 미사일 발사에 대해 한일 간에 서로 다른 결과를 발표하는 불일치의 문제가 있다고 지적되고 있다. 한일 간에 북한이 발사한 미사일의 비행 거리에 관한 평가가 다르다든가, 정보 분석 내용을 포함하여 한일의 결과가 정합성이 결여되어 왔다. 한일 양국의 분석 결과가 다르다는 것은 한·미·일 정보공유가 완전하지 못하다는 것을 보여주는 것이며 대북 억제력에 부정적인 영향을 미칠 수 있다고

---

15 한·미·일 안보 협력의 과제에 대해서는 日本国際問題研究所(2024.3.31.)와 日本国際問題研究所(2024.3.22.)에서 제기된 제언을 중심으로 정리한다.

우려되고 있다.

한일·미일 간의 대응이 분열되는 것은 곧 대북 억지력의 감퇴를 의미한다. 북한의 핵·미사일 능력이 향상되는 상황에서 대북 억제력은 한·미·일 3국이 일체가 되어야 한다는 공통 인식이 있어야 한다고 지적되고 있다.

2. 확장억제

한·미·일 안보 협력에서, 한일의 연결고리는 한미동맹, 미일동맹과 달리 동맹관계가 아니다. 미국의 군사력으로 적이 공격하지 못하게 하는 확장억제에 있어서도 한일 간에는 견해 차이가 있다. 한국에는 핵 보유를 주장하고 이를 지지하는 여론이 높은 반면, 일본은 핵무장에 대한 지지가 높지 않다.[16] 일본은 오히려 한·미·일 안보 협력을 계기로 핵무장 논의에 말려드는 것을 경계하고 있다.[17] 확장억제에서 핵을 구체적으로 언급하는 점에 있어서도 한국과 일본은 견해 차이가 있다.

캠프 데이비드 정상회의 공동성명에서 미국의 확장억제와 관련해서 "한국과 일본에 대한 미국의 확장억제 공약이 철통같으며, 모든 범주의 미국의 역량으로 뒷받침되고 있음을 분명히 재확인한다."라고 언급되어 있다.[18] 캠프 데이비드 회담을 앞두고 3국 정부 관계자

---

16 박명희, 2023.10.5., pp.3~4.

17 朝日新聞, 2023.8.19.

와 군사 외교 전문가들이 주목했던 분야가 미국의 확장억제 부분이었다.[19]

한국과 미국은 2023년 4월 정상회의에서 북한의 핵 공격에 대비해 미국의 핵 운용에 관한 정보를 공유하기로 합의하고 새로운 협의체인 한미 핵 협의그룹NCG: Nuclear Consultative Group을 설치하기로 했다. 미국의 핵 억제력 강화를 요구하는 한국 측의 의향이 받아들여진 것이다. 윤석열 대통령은 2023년 5월 한일 정상회의에서 일본의 NCG 참여를 배제하지 않겠다고 언급했다. 한국은 NCG를 한·미·일의 틀로 확대하는 데 적극적이었다. 따라서 8월의 한·미·일 정상회의에서 일본의 입장이 표명될 것으로 기대했다.

캠프 데이비드에서 핵 협의그룹에 대한 언급이 없었던 것으로 보아 일본은 한·미·일 3국 간의 핵 운용에 대한 협력에는 부정적인 것으로 보인다. 대신 공동성명에는 핵무기 없는 세계의 실현이 국제사회의 공통된 목표임을 재확인하고 핵무기가 다시는 사용되지 않도록 모든 노력을 다한다는 문구가 명시됐다. 기시다 수상은 2023년 5월 G7 정상회의 의장으로서 핵 군축 문서의 채택을 주도하기도 했다. NCG 참여에 대해 일본 정부 관계자는 "한·미·일 3국의 핵을 둘러싼 성급한 논의에 따라가면 일본이 한국과 미국의 페이스에 말려들 위험"이 있다는 견해를 표명하기도 했다고 한다. NCG 참여에는 일본 국내정치적 한계가 있는 것으로 보인다.[20]

---

18 대통령실, 2023.8.18b.

19 日本経済新聞, 2023.8.21.

한편 '통합억제 전략'을 추구하는 미국의 입장에서는 본격적으로 억제력을 향상시키려면 다영역에서 미일 간의 협력을 추진하고, 나아가 한일 간에도 준동맹과 같은 협력을 희망할 것이므로 결국 확장억제 분야에서도 3국 간의 협력이 필요할 것이라는 주장도 있다. 이에 대해 일본 정부 관계자는 "미국은 일본의 사정을 알고 있다. 확장억제의 3자회담을 일본에 요구하지 않았다"라고 답변하고 있으나, 설리번 백악관 국가안보보좌관은 2023년 6월 확장억제에 대해 "당분간은 미일, 한미 양국 간의 메커니즘 강화에 역점을 두지만, 이를 기반으로 3개국 협력에 대해 결단하게 될 것이다"라고 하여 장래에는 한·미·일 3국 간에 확장억제를 협의할 가능성이 있다고 언급했다.[21] 앞으로 일본이 한·미·일 3국 간의 확장억제 협의에 대해 어떤 입장을 취할지 주목되는 부분이다.

한편 북한의 무력도발 시에 전술핵 사용을 어떻게 억제할 것인가도 중요한 과제로 인식되고 있다. 북한이 전면적으로 대남 무력도발을 벌일 가능성은 작지만, 우발 충돌을 포함하여 남북 간의 무력 충돌 가능성을 배제할 수는 없다. 따라서 남북 간의 무력 충돌 시에 북한의 전술핵 등 핵무기 사용을 어떻게 억제할 것인지에 대한 검토가 필요한 것이다.

---

20 이와 관련하여 김성한 전 안보실장은 CSIS 회의에서 재직할 당시 일본 측과 이 문제를 논의하니, 한미 핵 협의그룹NCG은 만일의 사태가 발생했을 때 핵무기를 어떻게 사용하는가에 관련된 것이라 일본에는 좀 예민한 문제라는 답변이 있었고 아직도 한국은 일본도 참여하는 방안에 열려있다고 언급했다(연합뉴스, 2024.2.13.).

21 NHK, 2023.6.17.

우선 한미 양국은 한국에 대한 북한의 어떠한 핵 공격에 대해서도 "김정은 체제의 종말로 이어지는 보복"을 할 것임을 확인하고 있으나, 이러한 메시지가 북한의 핵무기 사용에 대한 보복으로 충분한지 재검토할 필요가 있다고 본다. 또한 북한은 전술핵뿐만 아니라 일본을 사정권에 둔 중거리 미사일, 괌을 사정권에 둔 중장거리 미사일, 미 대륙을 사정권에 둔 ICBM을 보유하고 있다. 북한은 이를 통해 핵무기 사용의 에스컬레이션을 시도할 수 있는데, 한·미·일 간에, 이에 대응하는 에스컬레이션 래더escalation ladder[22]를 확립해 둘 필요가 있다고 보고 있다. 그렇다면 한·미·일 3국 간에 북한의 핵무기 사용 억제를 위한 전략적 협의가 필요할 것이다.

일본은 북한이 비핵화 조치를 취할 가능성이 거의 없기 때문에 한·미·일 간에 징벌적, 거부적 억제 태세를 강화해야 한다고 보기 때문에, 미국이 전략자산을 한국에 전개하는 것에 대해서는 긍정적으로 평가하고 있다.

3. 대중 관계에서의 협력

한일 양국은 경제면에서의 이해가 공통되는 부분이 많아지고 있어 대중, 대미 관계에서 협조할 여지가 많다고 본다. 일본과 한국은 중국을 포함한 다양한 삼국 간 협력의 틀을 갖고 있다. 그 틀 안에서 한일은 공동으로 중국 내의 여러 불투명한 규제에 대해 개선을 요구

22　국내에서는 확전 사다리로 번역되고 있다(이재학, 2023).

할 수 있다. 최근 미국은 한·미·일, IPEF와 같은 한미·일을 포함한 다자간의 틀을 만들어 중국에 대한 대항 자세를 강화하고 있다. 일본과 한국은 기술이나 공급망 면에서 미국과의 협력을 강화하면서도, 한일 기업이 중국과의 비즈니스를 계속하는 데 있어서 불확실성이 높아지지 않도록, 대중 정책 기조에서도 한일이 협조해 미국과 협의를 진행할 수 있을 것이다.

또한 일본이 북한과 관련해 공조할 파트너를 찾는다면 러시아보다는 중국이 될 가능성이 있다. 물론 일·중 관계에서도 현안 사항이 많지만, 중국과의 관계가 호전된 시점에는, 북한에 의한 사이버 공격 등은 중국에도 위협이 될 수 있으므로 함께 대처할 필요가 있다는 관점에서 대중 외교를 전개하여, 대북 억제에서도 중국의 협력을 끌어내는 방안도 모색할 필요가 있는 것으로 보고 있다.

4. 일·북 대화와 한·미·일 협력

북한 비핵화와 관련해서는 유엔 안보리 결의에 따른 완전한 비핵화 공약을 재확인하면서, 북한과의 전제조건 없는 대화 재개 입장을 견지한다는 점이 언급되었다. 납치피해자 문제를 안고 있는 일본의 입장은 복잡하다. 기시다 수상은 2023년 5월 납치피해자 문제를 해결하기 위해서 수상 직할의 고위급으로 북한과 협상을 추진하기로 하고, 납치피해자 문제가 시간적 제약이 있는 인도적인 문제이기 때문에 미국 등으로부터도 지지를 받고 있다고 강조했다. 그런데 북한은 미국이 강경한 태도로 나올 경우에 한해 일본과의 대화에 응할 가능성이 있기 때문에, 일본 정부 관계자는 납치피해자 문제 해결이 한·미·일 결속을 와해시킬 가능성도 있다고 우려하고 있다.[23]

5. 일본의 제한적 집단적 자위권 행사

일본은 평화헌법 하에서 집단적 자위권 행사를 부인해 오다가 제한적으로 집단적 자위권을 행사할 수 있도록 헌법 해석을 변경하였다. 문제는 일본은 '제한적'으로 집단적 자위권을 행사할 수 있지 전면적인 집단적 자위권 행사는 불가능하다. 일본 내에서는 2024년 4월 미일 정상회담에서 기시다 수상이 "미국은 혼자가 아니다. 일본이 미국과 함께한다You are not alone. We are with you!"라고 언급한 것에 대해 일본이 전면적 집단적 자위권 행사가 가능하다는 언질을 주었다고 비판하기도 한다.

일본은 현재 제한적 집단적 자위권 행사를 전제로 미일 간에 안보 협력지침(가이드라인)을 작성하고 이에 따라 유사시에 대응하는 체제를 갖추고 있다. 한·미·일 안보 협력이 진전되더라도 일본은 제한적 집단적 자위권 행사라는 제약 속에서 역할을 할 수 있다. 따라서 한·미·일 협력에서 일본이 수행할 수 있는 역할에 대해서 사전에 적절한 논의가 필요하다. 즉 유사시에 즉흥적인 논의를 통해 역할이 부여되는 것에는 한계가 있을 수 있기 때문이다.

23　每日新聞, 2023.8.19.

Ⅳ. 한·미·일 안보 협력의 지속성

일본 내에서는 한·미·일 협력이 지속되는 데 있어서 가장 큰 장애 요인이 한국의 국내정치 변화로 인식하고 있다. 한국 사회도 국제정세의 엄중함은 인식하고 있고, 여론조사에서도 한·미·일뿐 아니라 일본과의 안보 협력에 대해서도 종전보다 거부감이 줄어들고 있음은 이해하고 있으나, 한국 사회는 정치적 분극화가 진행되어 보수 윤석열 정부가 취하는 정책이기 때문이라는 이유로 진보 야당 지지자들이 반발하는 구도가 형성되고 있다고 본다. 특히 대일정책은 그 전형적인 예로 2023년 3월에 나온 징용공 문제 해결책에 대해 여당 지지자들은 긍정적인 반응을 보인 반면 야당 지지자들은 극히 부정적이었다.

정치적 의도에 근거하는 야당의 주장에 무리가 있다고 간주되면 그 영향력은 한정적일 수 있다. 대표적인 예가 2023년 여름 후쿠시마 원자력 발전소의 처리수 방출을 둘러싼 움직임이다. 야당 세력은 위험성을 강하게 주장하며 방출을 시인하는 정권을 비판하는 재료로 활용하려 했으나 과학적 근거에 기반을 둔 끈질긴 설명이 정권 측에 의해 이루어진 것 등으로 인해 야당 측의 의도는 달성되지 못했다. 따라서 일본에서는 적절한 공공외교를 통해 일본과의 관계 개선의 필요성에 대한 이해를 넓힐 수 있는 환경이라고 보고 있다.

한편 미국 대통령이 한·미·일 협력을 얼마나 희망하는가에 따라 한·미·일 협력의 동력을 얻을 수 있다는 점에서, 미국은 단순히 한국과 일본이 협력관계를 구축하도록 중재자의 역할을 할 수도 있으나, 미국 자신이 또 다른 당사자로서 한·미·일 협력을 유지해 나가겠다는 의지도 중요하다. 이러한 점에서 바이든 행정부에서는 한·미·일 협력이 가시적인 진전을 보일 수 있었다. 그런데 트럼프의 경우 동맹보다는 자국의 이익을 앞세우지만, 동맹을 경시하지는 않는다. 그러나 한·미·일 협력이 가시적인 성과를 이루는 데 긍정적인 역할을 할지는 미지수다. 동맹국들의 역할 증대와 미국의 부담 축소에는 관심이 많을 것이나, 동맹국들과 함께 어떤 것을 성취하려는 플랜은 아직 보이지 않는다. 오히려 동맹에 대한 과도한 역할 분담 요구가 동맹을 위기에 빠트릴 수 있다고 우려되고 있다.

한·미·일 안보 협력이 전례 없는 수준까지 발전된 것은 증대하는 북한의 위협에 대응하기 위한 것이다. 안보 협력의 확대로 인도·태평양 지역의 과제에 대해서도 협력하고, 경제안보 등 협력어젠다도 확대되었지만, 북한 문제가 가장 중요한 과제로 남아있다. 일각에서는 한·미·일 안보 협력을 강화하면 센카쿠 열도, 대만해협, 남중국해 등에서 위기가 발생할 경우 이에 연루될 위험이 있다고 우려하기도 한다. 하지만 북한 위협에 대응하기 위해서는 연루의 가능성이 있더라도 대북 억제력을 더욱 강화할 수밖에 없다. 일정한 비용을 지불하면서 북한의 위협에 대처하기 위한 '보험'을 강화하는 것이 안보를 지키는 현명한 선택이다.

한·미·일 안보 협력은 참가하는 국가들의 국내 사정 및 양국 간 관계에 따라 그 추진력이 실속될 수도 있다. 한·미·일 안보 협력의 지속성을 담보하고 업그레이드시키기 위해서는 동맹 관리에 버금가는 노력이 필요하다. 우선 한·미·일 안보 협력의 가장 약한 고리인 한일관계를 잘 관리해 나가야 한다. 한·미·일 안보 협력이 심화하면 한반도 문제에 대한 한국의 발언권이 약해지고 한반도 위기관리도 어려워지며 일본의 한반도 개입 우려도 커진다는 낡은 주장이 아직 통용되고 있다. 이러한 인식을 극복해 나가기 위해서는 한국의 안보에 미국과 일본이 얼마나 중요한 변수인지를 정확히 인식하고, 이러한 인식을 일반 국민에게 널리 공유해 나갈 필요가 있다.

다음으로 한반도 유사 사태를 방지하고 대응 태세를 강화하기 위해서는 대북 확장 억제력을 강화시킬 필요가 있다. 이를 위해서는 한·미·일 3국 간에 확장 억제력을 어떻게 강화시킬 수 있을지 진지하게 고민해야 한다. 한·미·일의 억제력을 강화시키기 위해서는 한일 안보 협력을 진전시켜야 한다. 현재 미국의 상대적 국력의 저하로 미·중 전략적 경쟁 시대가 전개되고 있다는 점을 고려하면 한반도 유사시를 대비한 한일 간의 군수지원 협정 체결도 중요한 과제이다. 앞으로 연례화될 한·미·일 공동 훈련을 효율적으로 실시하기 위해서도 평시에 한일 간의 군수지원 협정은 필요하다. 한일 안보 협력을 얼마나 진전시킬 것인지에 대한 진지한 검토가 필요한 시점이다.

마지막으로 미국 대통령 선거를 앞둔 시점에서 트럼프 전 대통령의 복귀가 거론되면서 한미동맹, 미일동맹의 위기가 우려되고 있다. 한일 양국이 회복된 신뢰를 바탕으로 자국중심주의에 빠질 위험성이 있는 미국에 한·미·일 안보 협력의 중요성을 같이 설득하고, 한·미·일 안보 협력의 지속성을 확보해 나갈 수 있는 태세를 준비해 나가는 것도 중요한 과제가 될 수 있다. 한일 간의 긴밀한 협력이 그 어느 때보다 필요한 시점이다. 한·미·일 안보 협력의 제도화, 고착화가 강조되고 있는 것은 한·미·일 안보 협력이 아직 불안정한 단계에 있다는 것을 역설적으로 나타내 주는 것이다.

송화섭

글로벌전략협력연구원에서 선임연구위원으로 재직 중이다. 일본 도쿄대학에서 수학하였고, 한국국방연구원 안보전략연구센터에서 지역연구실장, 현안연구실장 등을 지냈다. 현재는 미일동맹, 일본의 안보방위정책에 관심을 두면서 동아시아 안보 환경 속에서 한국의 전략적 협력 방향에 관한 연구를 지속하고 있다. 주요 논문으로는 일본의 안보방위정책에 관한 "미일동맹의 변혁과 보통 동맹화"(2006), 한일 안보 협력에 관한 "한국의 대일 군사 외교"(2007) 등이 있다. 저서로는『일본의 집단적 자위권 도입과 한반도』(공저, 2016),『갈등과 공존의 인도·태평양』(공저, 2022)이 있다.

제6장

미국의 입장과 정책:
외교안보 실행체로서의 한·미·일 안보 협력

김영준

I. 한·미·일 안보 협력의 기념비, 캠프 데이비드

캠프 데이비드에서 2023년 8월 19일 한·미·일 정상이 모여 캠프 데이비드 정신The Spirit of Camp David과 캠프 데이비드 원칙Camp David Principles을 채택하고, 별도 문건으로 한·미·일 간 협의에 대한 공약Commitment to Consult을 발표한 것은 매우 기념비적인 일이었다. 한·미·일 세 정상은 향후 한·미·일 협력의 지속력 있는 지침으로써 캠프 데이비드 원칙에 합의하고, 한·미·일 협력의 비전과 이행 방안을 담은 캠프 데이비드 정신을 채택하면서, 세 국가는 협력의 안정적인 발전을 위하여 3국 협력의 제도적 기반이 구축되었다. 또한, 추후 매년 3국의 외교장관, 국방장관, 국가안보보좌관을 포함한 정기적인 만남을 통하여 3국 공동의 이해를 위협하는 역내 긴급한 현안이 발생할 경우 신속하게 협의하고 대응하기 위한 소통 채널을 구축하기로 합의하였다. 추가로, 이를 위한 차관보급 한·미·일 인도·태평양 대화를 통하여 전략적 협력을 강화하고 새로운 협력 분야를 발굴해 가기로 하였다. 이에 더하여, 3국 국가안전보장회의NSC 간의 경제 안보 대화와 함께 정책 공조를 위한 협의체를 창설하여, 글로벌 보건, 여성, 청소년 등 다양한 분야에서 협력을 강화하고, 북한의 핵과 미사일 위협에 대비한 공동의 대응 역량 제고를 위해 노력하기로 하였다. 추가로, 한·미·일 3국은 공동의 번영을 위한 글로벌 공급망 안정, 에너지 안보, 경제 안보, 해외 공급망 리스크에 대한 조기경보, 북한의 핵·미사일 재원 마련을 위한 노동력 인권 착취 감시 및 차단 노력과 불법 자금 조달을 막기 위한 북한 사이버 활동 대응 실무 협력 등을 추구하기로 하였다. 또한, 인공지능AI, 양자, 바이오, 차세대 정보통신, 우주 분야 등에서 협력하고, 국가연구기관 간 공동 연구개발, 인적 교류를 통하여 3국이 과학기술 혁신을 주도하기로 하였다.[1] 이러한 한·미·일 3국의 캠프 데이비드 원칙과 정신은 이전에 한미와 미일 간 양자동맹 중심으로 진행되던 미국의 인도·태평양 전략이 3국 중심 협력체로 더욱 공고하게 확장되는 정치적 상징성은 물론, 실질적 협력을 가져오는 외교적 성과였다.

본 장에서는 캠프 데이비드에서 이루어진 3국 간의 협력에 대한 미국의 현재 시각과 입장을 살펴보고, 앞으로 한·미·일 협력에 대한 도전 요인들 검토를 바탕으로 이에 대한 미국의 전략과 노력의 방향을 전망할 것이다.

---

1   The White House, 2023.8.18.

Ⅱ. 인·태지역 협력체로서의 한·미·일 안보 협력

한·미·일 안보 협력은 미국이 오랫동안 인도·태평양 지역에서 구현되기를 바랐던 중요한 협력체이다. 한미동맹과 미일동맹은 제2차 세계대전 이후 동아시아 지역의 핵심 동맹으로 양자 형태로 미국의 중요한 전략의 핵심 축으로 역할을 이루어 내던 것에 비하여, 한·미·일 협력은 한일관계의 특수성으로 인하여 구현되지 못하여 왔다. 한일관계는 오랫동안 양자 간 여러 노력들, 미국의 노력들에도 불구하고, 양국 간의 역사, 영토 등 다양한 문제들로 인하여, 한·미·일 협력에 대한 가능성을 낮추었다. 미국도 한일관계의 특수성과 복잡성으로 인하여 중재자 역할을 이행하기에는 어려운 상황이 지속되었다. 특히 최근 수년 간 양국 국민들은 다양한 문제들이 해결되지 않아, 양국 간 친화도 혹은 호의적인 태도가 줄어들고 있었다. 미국이 오바마 행정부 시기부터 공개적으로 아시아 태평양 지역에서 미국 국익의 중요성을 공식적으로 내세우면서, Pivot to Asia 혹은 Rebalancing Policy 라는 슬로건으로 중국의 도전과 아시아 태평양 지역의 중요성을 부각하였고, 이 지역에서의 동맹국들과 연대를 강조하였다.[2] 트럼프 행정부가 집권해서 오바마 행정부 시기 대부분의 외교안보 정책에 반대하여 이란과 JCPOA 협상 등을 폐지하면서도, 오바마 행정부의 아시아 태평양 지역 중시 정책은 지속 계승하여, 인도·태평양 전략으로

---

2 The White House, 2023.8.18.; The State Department, 2019.11.4.; The Department of Defense, 2019.6.1.

더욱 강화하였고, QUAD 등의 인도·태평양 지역 협력체를 창설해왔다. 이전의 아시아 태평양 사령부는 인도·태평양 사령부로 명칭을 변경하면서, 육군 사령관을 4성 장군으로 강화하는 등 지속적인 중국의 도전과 이에 대한 미국 중심의 인도·태평양 국가들과의 연대 강화를 지속하였다. 바이든 행정부도 트럼프 행정부 시기 대부분의 외교안보 전략은 모두 전환하였지만, 이러한 인도·태평양 지역 중요성을 지속 강화하면서, QUAD, AUKUS 등 지역 협력체를 더욱 강화하였다. 특히 한·미·일 안보 협력은 이러한 점에서 캠프 데이비드에서 미국의 오랜 노력이 성과로 도출되는 매우 이정표 같은 일이었고, 미국 대부분의 언론 방송에서도 대대적으로 한·미·일 안보 협력의 공식 선언을 진보 보수 매체 상관없이 지지하고 강조하였다. 특히, 최근 미국 국무부 부장관인 커트 캠벨은 미국 싱크탱크 허드슨 연구소에서 가진 기조연설에서 한·미·일 캠프 데이비드 원칙과 정신을 가능하게 한 한국의 윤석열 대통령과 일본의 기시다 총리는 이를 성사시킨 노력에 대한 업적으로 노벨 평화상 수상을 받을 자격이 있다고 평가하였다.[3] 즉, 미국의 진보나 보수, 민주당이나 공화당 모두 중국, 러시아 등의 도전과 이에 대한 동맹국들과의 연대 강화를 미국 국익의 핵심 축으로 공감대를 이루었고, 한·미·일 안보 협력은 한일관계 특수성으로 오랫동안 이루지 못했던 미국의 주요한 전략의 축이 완성되는 것을 의미했다. 특히 미국의 주요 전략가들과 학자들이 중국을 미국에 제일 큰 도전으로 지목하고, 또한 대만, 한반도, 남중국해 지역을 가장 미·

---

3 Hudson Institute, 2024.4.24.

중 간 물리적 충돌이 높은 지역으로 지목해왔던 점에서 한·미·일 안보 협력은 이러한 미국의 중요한 전략적 파트너십이 구현된다는 점에서 미국 전역에서 환호를 받는 중요한 외교적 성과였던 것이다.[4]

이러한 한·미·일 안보 협력의 지속성을 위한 방안으로 한·미·일 3국은 안정성을 위한 제도화를 진행하였으며, 한·미·일 3국의 공동의 이익을 위한 북핵 대응을 위한 정보공유, 대응 협력, 확장억제 등을 위한 협의체 등을 강화해 나갔다. 또한 미국의 정권교체에 따른 불안정성을 최소화하고자 외교-국방장관회의 등 정부 부처 중심의 회의체들을 강화해 나가면서, 3국 협력의 안정성을 갖추어가고자 하였다. 한·미·일 3국 협력에 대하여 미국 내 진보 보수 양당 모두 초당적인 절대적인 지지를 보내고 있으며, 이는 한일관계의 특수성으로 인하여 한·미·일 3국이 함께하지 못하였던 시기를 볼 때, 미국 여론 주도층 사이에서는 중·러 연대에 대응하기 위한 매우 유용하고 중요한 성과였다. 특히 바이든 행정부 시기 아프가니스탄 철군이나 러시아 우크라이나 전쟁 대응, 최근 중동 갈등 확산 등의 상황에서 명확한 외교적 성과를 내세우기 어려운 상황에서 한·미·일 캠프 데이비드 정상회의는 바이든 행정부 입장에서도 외교적 성과로 내세울 만한 주요한 이정표였다. 북한은 물론 중국, 러시아라는 글로벌 차원에서 수정주의 권위주의 국가에 대응하기 위한 경제, 과학기술, 군사, 안보 협력체인 한·미·일 3국 협력은 유럽은 물론 인도·태평양 지역에서 미국의 강력

---

4   Brzezinski, 2013; Kissinger, 2014; Colby, 2022; Campbell & Sullivan, 2019; Campbell & Ratner, 2018.

한 동맹국들과의 연대를 강화한다는 측면에서 매우 중요하다. 캠프 데이비드에서의 3국 정상 간 선언은 미국의 진보 보수 언론 모두에서 대대적으로 보도했을 만큼 초당적인 외교안보의 중요한 이슈로 여겨졌고, 일제히 미국 정책 전문가 그룹에서는 환영과 함께 지속성을 위한 안전장치 마련을 주문하였다. 예를 들어 대니얼 러셀 전 국무부 동아시아 태평양 차관보는 뉴욕타임스 기고문에서 3국 정상회의는 중국에 매우 중요한 메시지가 되었다며 3국 안보 협력의 중요성을 강조하였다.[5] 현재 미국 국무부 등 정부 부처에서는 3국 협력의 지속성을 위한 3국 간 차세대 지도자, 여성 차세대 리더, 언론인, 학자 전문가 등 3국 협력을 위한 다양한 사업을 시작 집행 중이며, 이는 미국이 한·미·일 3국 협력을 가장 원하며 강조한다는 측면에서 자연스러운 현상이다.

Ⅲ. 한·미·일 안보 협력의 도전 요인

미국의 입장에서 한·미·일 안보 협력의 지속성을 위한 안정성에 대한 가장 큰 도전 요인은 외부적으로 한일관계의 특수성, 내부적으로 정권교체로 인한 미국 정부의 입장 변화이다. 한·미·일 안보 협력은 트럼프 행정부 이전에 민주당 공화당 모두 지지하던 초당적 이슈였고, 이는 한일관계 특수성으로 달성되지 않았을 뿐 미국은 언제나 고

---

5 Russel, 2023.8.17.

대하던 과업이었다. 그러나 트럼프 행정부는 이전의 외교안보 정책 주류인 민주당 공화당 엘리트와 달리 새로운 외교안보 정책을 시행 했기 때문에, 현재 한·미·일 3국 협력에 대한 도전 요인은 과거로부터 지속된 한일관계의 특수성은 물론 미국 행정부 교체가 내부적 도전 요인으로 인식되기 시작하였다. 이러한 이유로 바이든 행정부는 트 럼프 재집권 가능성을 대비하여 백악관 NSC 중심만이 아닌 안정적 인 국무부-국방부가 한·미·일 3국 협력을 지속할 수 있는 다양한 제 도화에 집중했다. 외교·국방장관회의는 물론 정책 실장 등의 실무그 룹 등 다양한 분야의 다양한 계층과 트랙 2 등의 시민사회 분야의 3 국 협력을 지원하고 있다.[6]

미국의 시각에서 전통적인 한·미·일 3국 협력의 도전 요인은 한일 관계의 특수성, 특히 미국이 직접적으로 거론하기 부담스러워하지만, 한국의 진보 정권 집권으로 인한 한일관계의 변화가 제일 큰 외부 도 전 요인이다. 일본은 정권교체가 거의 없이 지속적인 외교안보 정책 을 지속하는 반면, 미국의 입장에서 한국은 정권교체에 따라 한일관 계가 크게 변하여 왔고, 진보 보수 일관적이지 않지만 대체로 최근 진 보 정부 시기 한일관계 회복이 더 어려운 것으로 인지하고 있다. 이 는 한국 정부가 한일관계 특수성을 대표하는 역사문제, 징용 노동자 배상 및 위안부 문제, 독도 등 영토 문제, 최근 후쿠시마 오염수 문제 등 진보 정부가 보수 정부보다 한일관계에 다른 입장을 갖고 있다는 인식 때문이다. 특히 미국 워싱턴 DC의 전문가 관료 그룹은 한국 진

---

6 The State Department, 2024.5.31.

보 정부 집권 시 한일관계는 악화 된다는 일종의 공식을 내재화하고 있다. 실제 김대중 정부에서는 한일관계가 회복되고 발전되었고, 이명박 박근혜 정부에서도 한일관계가 악화 되었음에도 불구하고, 이러한 인식은 점점 강화되고 확정되었다. 이러한 점에서 미국 워싱턴 DC의 전문가 관료 그룹은 한국의 진보 정부 집권 시 한일관계 악화로 인한 한·미·일 3국 협력 중단, 대북 정책의 선회를 전망하고 있으며, 이는 신념화되어 한국의 특정 정치 세력에 대한 우려와 정서적 거부감을 확산시켜 왔다. 실제로 한국은 진보 보수 정부 상관없이 전체적으로 진보 보수 정부 모두에서 한일관계는 다양한 이유들로 악화되어 왔으며, 이는 역사, 영토 등 다양한 문제에서 양국이 해결안을 찾지 못하였기 때문이다.

그럼에도 불구하고, 미국의 일반적인 인식은 한·미·일 3국이 캠프데이비드에서 정상 회의를 갖고, 앞으로 지속적인 협력을 공언할 때 미국 관료, 전문가 그룹에서는 자동적으로 일괄적으로 한국의 진보 정부가 집권 시 한·미·일 3국 협력은 중단될 것으로 전망하는 시각이 지배적이었다. 트럼프 행정부 재집권이라는 내부적 요인은 한·미·일 3국 협력에 대한 전망에 대한 불확실성을 높이지만, 중국에 대한 대응 방안으로써의 3국 협력을 유지할 수 있다는 점에서 불안 요인의 특성을 더 높게 지니는 반면, 한국의 대선 이후 진보 정부 집권은 한일관계 악화로 인한 3국 협력 중단이라는 전망을 공식화하는 것이 미국 워싱턴 DC 주류의 일반적인 견해이다. 이러한 점에서 한·미·일 3국 협력의 도전 요인은 내부적으로는 불안 요인으로 트럼프 행정부 재집권 시의 불안정성, 외부적으로는 한국이 진보 보수 정부 상관없이 한일관계 악화가 지속되어 왔지만, 한국 진보 정부 대선 승리 시 한일관계 악화로 인한 한·미·일 3국 협력 중단이라는 도전 요인이 미국 정부 관료, 전문가, 언론에서는 확신하고 일반화하고 있다.

이러한 인식의 연장선에서 트럼프 요인은 물론 한국의 정권교체로 인한 한·미·일 3국 협력 불안정성을 제거하기 위하여, 한·미·일 3국은 정부 부처 및 시민사회 간 제도화 및 교류 확대로 인한 협력 유지의 가능성을 높이려 하고 있다.[7] 그러나 이는 현재까지의 국제정치 및 동북아시아 상황에서 일반적인 인식을 바탕으로 주류적인 견해를 바탕으로 진행되고 있는 사안이며, 북·중·러 연대의 수준과 범위, 트럼프 재집권 시 북미 간 비핵화 협상 재개 등의 국제 상황 변화에 따라, 한·미·일 3국 협력의 지속 가능성과 도전 요인은 모두 변화될 수 있다.

1. 미국 자체 요인

첫 번째로, 한·미·일 3국 협력에 영향을 줄 수 있는 변화 요인은 미국 본인이다. 즉 미국 대선 때 출범된 새로운 행정부가 중국에 대비하

---

7 예를 들어 Council on Foreign Relations에서 2023년 10월 25일 진행된 한·미·일 전문가 그룹 합동 세미나에서는 이러한 지배적인 한·미·일 전문가들의 의견이 논의되었으며, 미국의 Scott Snyder, Andrew Yeo, Sheila Smith, Bruce Klinger 등, 일본의 Komei Isozaki, 한국의 이상현, 김재천, 김영준, 신성호, 정구연 교수 등 한·미·일 전·현직 관료 및 전문가 30여 명 이상이 이러한 의견을 나누었다. 이는 대부분의 워싱턴 DC의 지배적인 의견을 확인하는 자리였다(Council on Foreign Relations, 2023.10.25.).

여 전통적인 미국의 역외 균형 전략의 실천 여부와 방식이다. 미국은 전통적으로 지역 패권 및 미국의 패권 도전 세력에 대한 거부를 위하여 지역 동맹국들을 중심으로 한 역외 균형 전략Offshore Balancing을 적극적으로 추구하였다. 중동 지역에서 이란-이라크에 대한 접근법이 대표적이며, 이는 지역의 불안정성을 높이는 지역 패권국을 견제하기 위한 가장 효과적인 수단이었다. 공격적 현실주의 기반인 존 미어샤이머의 가정이 아니더라도 미국 정부는 최소 비용 최대 효과를 위한 효과적인 역외 균형 전략을 전통적으로 선호하였다.[8] 특히 현실주의 성향이 강한 공화당은 이러한 지역 패권 저지 전략을 적극적으로 활용하였고, 민주당은 지역 패권국이 자유민주주의와 인권을 억압하는 독재국으로 명분을 내세워서 국제 연대 특히 지역 내 동맹국들을 명분 중심으로 효과적으로 결집하였다. 이러한 점에서, 미국의 공화당 민주당 주류 외교안보 엘리트들의 역외균형 전략은 유사성이 많았고, 상대적으로 공화당이 더욱 융통성 있게 1등 패권 경쟁국을 견제하기 위한 2등 패권 경쟁국과 손을 잡는 데 더욱 실용적인 접근을 시도하였다. 대표적인 것이 1970년대 닉슨 행정부 시기 헨리 키신저가 추진한 중국과의 데탕트이다. 중국은 공산주의 국가이지만 이념과 상관없이 1등 패권 경쟁국인 소련을 견제하기 위하여 실용주의적 접근으로 중국과 손을 잡은 이 대전략은 공화당의 실용주의 전략을 대표적으로 잘 보여준다. 트럼프의 공화당도 1기 때 헨리 키신저에게 1등 패권국인 중국을 견제하기 위하여 러시아와 협조하고, 북한 문제

---

8 Mearsheimer & Walt, 2016.

를 빅딜로 정리하는 방식으로 자문을 받을 정도로 1등 패권국 견제를 위하여 이념 명문에 차이점이 있는 국가들과 협력 가능성을 열어 두었다. 미국 대선을 두고 트럼프 행정부와 바이든 행정부의 가장 큰 공통점은 중국을 1등 패권 경쟁국으로 지속적으로 견제하는 것이고, 가장 큰 차이점은 트럼프 행정부는 이를 위하여 러시아, 북한 등 기타 국가들과 빅딜을 통하여 중국에 집중할 가능성이 있지만, 바이든 행정부는 이념 명문상 러시아, 북한과 협상 가능성이 높지 않다는 것이다. 공화당의 현실주의적 외교안보 전략과 민주당의 명분, 이념 중시적 외교안보 전략의 가장 큰 차이점을 보일 수 있는 것이 이런 점이다. 즉, 트럼프 행정부 2기에서는 중국에 집중하기 위해서 후보 시절 여러 번 인터뷰한 대로 러시아, 북한과 관계 회복을 추구할 수 있으며, 바이든 2기에서는 이러한 협력보다는 기존의 가치 동맹 중심의 동맹국 중심 외교안보 노선을 지속할 것이다.[9]

2. 북·중·러 연대 수준과 범위

두 번째로, 북·중·러 연대의 수준과 범위가 한·미·일 3국 협력에 미치는 상관관계이다. 2018년 중·러가 연합훈련을 소규모로 시작한 시기 워싱턴 DC와 런던의 전문가들은 오랫동안 전략적 경쟁 관계인 중·러가 정치적인 상징성 차원의 훈련으로 평가하였으나, 현재 중·러의 연합 훈련 규모와 빈도수, 깊이는 군사적 상호 운용성을 논의하

---

9 김영준, 2024a; 김영준, 2024.6.30.

는 단계로 더 넓고 깊게 발전되어 갔다.[10] 특히 러시아와 북한의 정상 회담 전후로 러시아는 북한에 중·러 연합훈련 참가를 공식 초청하였으며, 현재 북한은 중·러 연합 군사 훈련 참가 초청에 대한 수락 혹은 거부를 하지 않고 있다. 이러한 상황에서 북·중·러 군사 협력의 수준과 범위는 트럼프 혹은 한국의 정권교체에 매우 큰 영향을 줄 수 있는 외부 요인으로 트럼프와 한국의 진보 정부 집권 시에도 북·중·러 군사 협력에 대응하는 한·미·일 안보 협력의 필요성을 결정하게 하는 가장 강력한 동인이 될 것이다. 물론 북한의 추가 핵실험과 위협 증대도 한·미·일 협력의 동인이 될 수 있지만, 이는 기존의 한미 혹은 미일 양자동맹 강화를 통해서도 대응할 수 있듯이, 한·미·일 협력은 북한을 넘어서 중·러 혹은 북·중·러, 범위도 군사를 넘어서 과학기술, 경제 안보 등의 영역에 대한 협력 범위 확대의 필요성이 높아질수록 중요해지는 것이다. 북한은 6.25 전쟁과 1950년대 후반 이후 외국군과 대규모 연합훈련이나 군사 협력을 강화하는 대신 핵·미사일 능력 증대에 집중하여 왔다. 북·중·러 군사 협력의 범위와 깊이가 확대되는 것은 미·중 전략적 경쟁 강화, 러시아 우크라이나 전쟁 등 신냉전 상황의 강화와 북미 비핵화 협상을 통한 안전보장 가능성이 약화된 상황에서 이루어질 수 있다. 북·중·러 연대의 수준과 범위는 이전 주류 시각에서 도전 요인이었던 미국과 한국의 행정부 교체와 상관없이 한·미·일 3국 협력의 필요성을 강화시키는 매우 강력한 동기가 될 것이다. 현재 북·러, 중·러 간 군사 협력은 매우 강화되고 있으며, 이러한 추세

---

10 Kim, 2019.3.

가 지속 강화되는 경우 한·미·일 안보 협력의 중요성은 한국과 미국의 행정부 교체와 상관없이 지속될 것이다.[11] 실제로 김영준은 논문에서 이전의 북한은 중국 러시아와 군사적으로 연합훈련이나 연락 장교 교환 등 안보 문제를 외국군에 의존하는 일체의 정책을 펼치지 않았으나, 최근 북·러 군사 협력의 확대와 한·미·일 3국 협력 등 신냉전 상황에서 북·중·러 연대로 인한 안보 협력으로 인한 국익 증대에 대한 인식 변화로 북·중·러 군사 협력이 매우 강화될 가능성이 있음을 지적하였다.[12] 특히 최근의 북한과 러시아의 정상회담과 양국 상호 방문은 이러한 북·러 연대가 한·미·일 연대에 영향을 끼칠 것이며, 이러한 협력은 현재 구도에서는 오랫동안 지속될 것으로 전망된다.

3. 북한 문제에 대한 트럼프 정부의 협상 가능성

세 번째로 한·미·일 협력에 영향을 미칠 새로운 도전 요인으로는 첫 번째 역외 균형 전략에서 언급되었듯이, 북한 문제에 대한 트럼프 행정부의 협상 가능성 여부이다. 트럼프 행정부 재집권 시 한·미·일 협력에 대한 필요성을 넘어서 북미 비핵화 협상 및 관계 정상화 재개 여부이다. 트럼프 행정부 2기에서는 첫해는 아니더라도 북미 비핵화 협상 재개를 통한 관계 정상화 가능성이 높게 평가된다. 트럼프 행정부 2기를 염두에 둔 듯 일본의 기시다 총리는 북일 정상회담 가능성

---

11 김영준, 2024.6.28.; Wetiz, Hoell, Isozaki, Kim & Woo, 2023.

12 Kim, 2023.6.; 김영준, 2023.10.5.

을 별도로 지속 추진해왔으며, 트럼프 행정부 2기에는 핵 군축 협상, 단계별 비핵화, 핵 동결, 위협 감소 접근 등 다양한 방법론 등이 검토된 이후 정상 간의 탑다운 방식으로 북미 관계 정상화를 위한 방안들이 검토될 수 있다.[13] 이러한 경우 한·미·일은 미국 주도의 북한 협상을 지지하는 목적의 협의체가 아닌 이상 그 목적이 대중 문제 협의로만 국한될 가능성도 있다. 이러한 상황이 전개된다면, 한·미·일 안보 협력의 위상과 성격, 존재 목적 등에 대한 새로운 재평가와 재점검이 진행될 수 있다. 물론 한·미·일 협력은 대북 위협 대비 목적만은 아니고 북한 문제는 3국 협력의 여러 목적 중의 하나이다. 그럼에도 불구하고, 북미가 관계 정상화를 위한 비핵화 협상을 재개하면서, 한국 정부와 미국 정부와의 관계, 북한과 일본 간의 관계 등에 따라 한·미·일 협력의 성격과 범위, 3국 정부가 3국 협력을 통해 얻고자 하는 목적 등이 재조정될 가능성이 높다. 이러한 불확실한 상황에서는 3국 협력의 캠프 데이비드 때 논의된 내용들에 대한 재조정과 협력의 발전이 속도 조절을 할 가능성이 있다. 이러한 점들은 3국 협력의 강화 혹은 약화 혹은 무용론 상황 등 모두 예측하기 어려우며, 동북아시아 지형의 변화로 인한 불확실성이 높아진다는 것이다. 북미 협상 재개가 한·미·일 협력에 미치는 영향은 현재 긍정적 혹은 부정적으로 평가하기 제한되나, 불확실성이 높아진다는 점에서 새로운 도전 요인으로 작동될 수 있다.[14]

---

13 Dalton & Kim, 2021.3.; 김영준, 2019.; 김영준, 2023.
14 김영준, 2024b.

4. 일본의 외교안보정책 변화

네 번째로, 미국의 새로 출범한 행정부에 따른 일본의 외교안보 전략의 변화이다. 트럼프 행정부는 기존처럼 양자 협상을 통한 국익 최대화를 다자 협상보다 선호하는 경향이 있다. 이는 바이든 행정부와 차별화되는 부분으로 평가된다. 이에 따라 한·미·일 안보 협력을 선호하는 전통적인 공화당 민주당 외교안보 엘리트의 성향과 무관하게 일본이 특히 트럼프 행정부 집권 시기 미일 양국의 국익을 극대화하기 용이한 양자 대화를 한·미·일 삼각 협력보다 중요시할 가능성이 높다. 일본은 트럼프 행정부 1기 시절에도 인도·태평양 전략이나 쿼드 등 미국과 일본의 국익 증대화를 위한 여러 모델들을 양자 협상을 통하여 관철시켰고 현재 트럼프 대선 후보에게도 적극적으로 양자 회동을 갖고 있다. 이러한 점에서 한·미·일 3국 협력은 트럼프 행정부 2기의 경우 일본에 의하여 양자 미·일 협력과 협상으로 추구될 가능성이 높으며, 이는 미국과 한국의 의지와 무관하게 한·미·일 협력의 지속 가능성에 영향을 줄 것이다. 트럼프 행정부 1기를 반추해볼 때 일본은 트럼프 행정부 2기를 대비하여 양자 협상을 위한 여러 내용들을 이미 준비해서 접촉을 시도해 온 것으로 보이며, 이는 트럼프 행정부 2기 출범과 동시에 전통적인 미·일 양자 협상이 한·미·일 3국 모델보다 압도적으로 추구될 가능성이 높음을 시사한다. 이러한 점에서 미·일 양자 협의에 대한 일본의 무게 중심 이동은 한·미·일 3국 협력의 지속 가능성에 휴지기 혹은 사실상 유명무실화를 가져온다는 점에서 매우 가능성이 높은 변수이다. 이미 일본의 아소 전 총리는 트럼프와 양자 회동을 통하여 이러한 가능성을 강력하게 시사하였다.[15]

미국의 입장에서 한·미·일 안보 협력에 대한 전통적인 도전 요인은 한국의 행정부 교체로 인한 한일관계 특수성, 최근의 미국 행정부 교체로 인한 불확실성 증대였고, 새로운 도전 요인들로는 미국이 역외 균형 전략의 추구 여부, 북·중·러 연대 강화로 인한 한·미·일 협력의 중요성 증대, 트럼프 행정부의 경우 북미 비핵화 협상 및 관계 정상화 재개로 인한 동북아시아 지형의 변화, 미국 행정부 변화에 따른 일본의 미일 양자 협상으로 집중 등의 변수들을 예측할 수 있다. 미국은 전통적인 도전 요인의 관리를 위해서 한국 혹은 미국의 행정부 교체와 무관하게 지속적인 협력을 위한 정부 부처 간 협력의 제도화, 시민 사회 차세대 지도자 및 인적 교류 증진을 통한 실질적인 3국 간 신뢰 강화 등을 추진하고 있다. 북·중·러 연대 강화는 역설적으로 한·미·일 3국 협력 중요성을 강화하게 할 수 있는 부정적 안보 요인이자 동시에 아측 안보 연대 강화를 위한 긍정적인 동기 요인이 될 수 있으며, 트럼프 행정부 시기 북미 협상 재개는 한·미·일 협력에 미치는 영향을 판단하기 어려운 불확실 요인으로 평가될 수 있다.

---

15 박성진, 조준형, 2024.4.24.

IV. 한·미·일 안보 협력의 지속성과 안정성

한·미·일 안보 협력은 미국의 시각에서 오랜 외교 안보 목표이자, 중국 러시아 수정주의 권위주의 국가들에 대응할 수 있는 인도·태평양 지역에 매우 중요한 협의체이다. 이러한 이유로 캠프 데이비드에서 한·미·일 정상이 3국 협력을 확인 시에 미국의 진보 보수 사회 및 언론에서 모두 중요한 외교적 성과가 성취된 것으로 환영 받았으며, 커트 캠벨 미국 국무부 장관은 최근 한국과 일본의 정상은 이로 인하여 노벨 평화상을 받을 자격이 있다고 언급하기도 하였다.[16] 캠벨 부장관의 언급은 과장된 표현으로 보일 수 있으나, 일반적인 미국 민주당 공화당 외교안보 엘리트의 염원의 표출로 평가할 수 있다. 이만큼 한·미·일 협력은 미국의 시각에서 인도·태평양 지역에서 미국의 국익 목표를 위하여 매우 중요한 사안이었으며, 이는 북한 위협을 넘어서 미국의 글로벌 전략을 수행하기 위한 핵심 사안이었다는 점을 쉽게 보여주고 있다. 이러한 미국의 외교안보 목표가 전통적으로는 한일관계의 특수성으로 인하여 성취되기 어려웠던 것으로 인식하고 있었으며, 트럼프 재집권으로 인한 불안정성 증대를 우려하기도 하였다.

미국 입장에서 한·미·일 3국 협력에 영향을 줄 수 있는 새로운 도전 요인으로 첫 번째로 미국 본인이 대선 결과에 따른 역외균형 전략 추구의 방식과 형태를 들 수 있다. 전통적으로 공화당은 1등 패권 경쟁

16　김경희, 2024.4.25.

국을 견제하기 위하여 융통성 있게 실용적으로 이념, 명분이 다른 국가들과 쉽게 연합하였고, 중국을 견제하기 위하여 러시아, 북한과도 협상할 가능성을 보여준다. 그러나 민주당은 역외균형 전략 추구 시에도 명분, 이념 등을 기반으로 전통적인 동맹국 중심의 견제 전략을 구사할 것으로 보이는바, 한·미·일 3국 협력은 이러한 미국의 역외균형 전략의 방식에 따라 영향을 받을 것이다.

다른 도전 요인으로는 북·중·러 연대 강화인데, 이는 한·미·일 협력의 필요성을 증대시킨다는 점에서 안보 위협을 증대시키는 부정적인 요인인 동시에 한·미·일 협력이 미국과 한국 행정부 교체와 관계없이 중요성이 증대된다는 딜레마를 안겨주기도 한다. 다른 도전 요인으로는 트럼프 재집권 시 북미 관계 변화는 한·미·일 협력에 미치는 영향을 평가하기 제한적이며, 불확실성을 높이는 요인으로 평가할 수 있다.

마지막으로 미국의 새로 출범하는 행정부 성격에 따라 일본이 이제 성립된 한·미·일 3자 협력 혹은 상황에 따라 전통적인 미·일 양자 협력을 중시하는 쪽으로 변동할 가능성이 있다. 트럼프 행정부 2기 출범 시 일본은 양자 협상을 선호하는 미 측과의 협상을 위하여 미·일 양자 협상을 한·미·일 3자 협력보다 중시할 것이며, 이는 트럼프 후보 시절 이미 일본의 접근 방식으로부터 명확하게 보여주고 있다. 이는 한·미·일 3국 협력을 유명무실화 시킬 수 있는 도전 요인이다. 전반적으로 미국의 시각에서 여전히 한·미·일 협력은 매우 중요한 글로벌 전략의 한 축이자, 인도·태평양 지역의 핵심 사안인 동시에 오랫동안 미국의 주도만으로 이루어지지 못한 사안이었다. 현재 미국은 이러한 협력의 지속성과 안정성 증대를 위하여 정부 부처 간 협력의 제도화와 함께 3국 시민사회 간 인적 교류 확대를 통한 신뢰 증진을 진행하고 있다. 미국 입장에서 한·미·일 협력은 수정주의 권위주의 국가들에 대응할 수 있는 매우 중요한 협력이며, 도전 요인들을 관리하고 미국 국익과 글로벌 전략 실행을 위하여, 한·미·일 협력을 적극적으로 주도하고 관리하고 있다.

김영준

국방대학교 안전보장대학원 정교수 및 교학처장으로 재직 중이다. 영국 킹스칼리지 런던대에서 안보정책으로 석사학위를, 미국 캔자스 대학에서 국제정치사 박사학위를 받았다. 미국 싱크탱크 National Bureau of Asian Research 객원연구원 및 연세대학교 국제대학원 객원교수로 재직 중이다. 청와대 국가안보실 정책자문위원, 국방부 군비통제검증단 정책자문위원, 통일부 정책자문위원, 외교부 한미 핵정책 전문가 네트워크 총괄, 국방부 군비통제 한미 공동 연구 총괄, 한미연합사령부 전략자문단 위원, 국방부 국방개혁 자문위원, 국회 국방위원회 및 외교통상위원회 전문가, 국가정보원, 합동참모본부 및 육해공군 본부 자문 및 미국 상하원 국무부 국방부 정보기관 한반도 전문가 자문 및 중앙일보 및 세계일보 고정 칼럼리스트로 활동해 왔다. 주요 저서로 Routledge에서 출간한 *Origins of the North Korean Garrison State: People's Army and the Korean War* 등이 있으며, 미국 주요 싱크탱크들과 공동 연구, 공동 세미나 등을 대미 정책공공외교 방안으로 주도해 오고 있다.

제3부

한·미·일 안보 협력의
전망과 제언

제7장

한·미·일 안보 협력:
제약 요인의 돌파를 위해

차두현

Ⅰ. 한·미·일 안보 협력은 시작되고 있는가?

전통적으로 동북아 지역의 안보 구도를 이야기할 때는 한·미·일(남방3각 관계) 대 북·중·러(북방3각 관계) 구도가 자주 인용되었다. 그러나 엄밀히 말해 이 구도는 양자관계(가령 한미, 한일 등) 간의 상호 연계를 이야기하는 것일 뿐, 3자가 직접적으로 공동의 지향을 향해 움직인 적은 없었다. 냉전시대에도 북·중·러는 중-소 간의 블록 내부 경쟁으로 인해 북한을 중심으로 북·중, 북·러 관계가 연계된 형태로 움직였고, 2018년의 미북 정상회담을 전후하여 북·중 및 북러 관계가 급격한 재밀착의 움직임을 보였지만, 이를 말 그대로의 북·중·러의 연대로 지칭하기에는 여전히 한계가 있다. 한·미·일 협력 역시 마찬가지였다. 한미동맹 및 미일동맹으로 인해 3자가 간접적으로 연계된 형

태이기는 했지만, 한일관계라는 약한 고리가 3자 협력의 장애요인으로 남아있었다.[1]

2023년 8월의 '캠프 데이비드' 3국 정상회담은 한·미·일 협력의 제도화가 이루어지는 계기를 제공했다. 이 회의를 통해 한국, 미국, 일본 3국은 인도·태평양 지역 및 세계적 차원에서의 협력 추구, 규칙기반 세계질서international order based on the rule of law의 지지, 민주주의와 인권 보호를 위한 공조 강화, 경제안보 및 공급망 회복 등의 다양한 사안에서의 협력을 다짐했고, 이는'캠프 데이비드 정신The Spirit of Camp David'을 통해 명문화되었다. '캠프 데이비드 정신'이 가지는 중요한 함축성은 한·미·일 공조가 안보 분야에도 적용될 것이라는 점을 분명히 한 것으로, 지역 차원의 도전과 위협이 발생할 경우, 신속히 협의할 것을 공약하는 한편commitment to consult, 북한 미사일에 대한 경보정보의 공유를 포함하여 북한 핵 및 미사일 위협에 대응하기 위한 협력을 다짐했다.[2]

그러나 한·미·일의 안보 협력이 지속 가능할 것인지에 대해서는 여전히 확신을 가지기에 한계가 있다. 2024년의 미 대통령 선거 결과에 따라 3국 협력이 또 한 번의 변화를 겪게 될 수 있고, 한·미·일 3국은 북한의 각개격파 전술, 북·중·러의 대응 연대 가능성 등 다양한 변수를 고려해야 한다. 무엇보다 한일관계의 약한 고리는 여전히 존재하고 있다는 점에서 이제 3국 안보 협력의 추진을 위한 다양한 대안들

---

1 차두현, 2023, p.23.
2 '캠프 데이비드 정신'에 대해서는 The Whte House(2023.8.18.) 참조.

을 끊임없이 발굴해 나갈 필요가 있다.

Ⅱ. 한·미·일 안보 협력의 동기

전통적으로 미국은 2000년대에 들어 인도·태평양 지역 동맹국 간의 상호협력을 강조해왔으며, 이를 통해 全 세계적인 미국 동맹네트워크의 상호 연계성을 강화하려 노력해왔다.[3] 미국이 동맹/우방국들을 하나로 묶는 다자적 협력을 선호하는 것은 이들 간의 상호 결속을 통해 (1) 미국을 중심으로 다수의 양자관계를 결합함으로써 신속한 정책결정과 일사불란한 대응을 가능하게 하고, (2) 회원국 간의 결합을 통해 단순한 양자관계의 총합 이상의 시너지 효과 발휘가 가능하며, (3) 결과적으로 미국의 부담을 줄일 수 있기 때문이다.[4] 미국이 북대서양조약기구North Atlantic Treaty Organization, NATO를 오늘날도 미국 동맹 네트워크의 핵심 축으로 생각하는 이유도 여기에 있을 것이다. 제2차 세계대전 이후 동맹을 대외전략의 핵심자산으로 활용하기 시작한 미국은 유럽 이외 지역에서도 NATO와 같은 집단안보체제를 실험해왔고, 중근동 지역의 CENTOCentral Treaty Organization, 동남아지역의

---

3 미국을 중심으로 동맹국들을 연결하여 NATO와 같은 다자동맹을 노리는 이러한 'hub and spoke' 전략은 동맹국 간 양자관계의 강화를 통해 격자lattice 구조를 형성하는 방향으로 바뀌었지만, 연계성 강화라는 면에서는 공통성을 지닌다. 이에 대해서는 Hornat(2023.11.14.), Wilkins(2022.7.19.) 등을 참조.

4 차두현, 2023, p.2.

SEATO~Southeast Asia Treaty Organization~ 등은 모두 이러한 구상을 반영한 것이었다. 그러나 유럽 지역을 제외하면 미국의 이러한 노력은 대부분 실패로 돌아갔는데, 공동의 위협인식이나 다자협력 전통의 부재, 유럽에서의 기독교적 문화·가치와 같은 결속자산의 부재 등으로 인한 것이었다.

이를 고려하여 2000년대 이후 미국은 NATO와 같은 넓은 범위의 다자협력보다는 3자 혹은 4자의 小다자협력을 통해 미국을 중심으로 한 인도·태평양 지역 우방 및 동맹국 간 연대를 형성하려 해왔다. QUAD나 AUKUS는 모두 이러한 실험의 한 형태라고 할 수 있다. 한국과 일본은 1953년의 『한·미 상호방위조약』과 1960년의 『미일 안전보장조약』을 기초로 한 미국의 동북아시아 지역 핵심 동맹국들이다. 미국으로서는 한미동맹과 미일동맹 그 자체도 충분히 의미가 있고 강력하지만 때로는 한·미·일을 하나의 틀로 묶는 것이 훨씬 효율적일 수 있다고 판단하는 듯하다. 동북아시아와 인도·태평양 지역에서의 평시 긴장 및 갈등 관리는 물론이고 유사시를 고려하더라도 각각의 양자 동맹을 가지고 대응하는 것보다는 두 동맹관계를 하나로 연계한다면 훨씬 유연한 전략적 선택과 효과적인 전력 운용이 가능하기 때문이다. 더욱이 한국과 일본은 경제규모와 세계경제에 대한 기여 측면에서도 상위권을 차지하고 있고, 반도체·AI·무인기술 등 미래 성장 동력의 중심이 될 핵심 과학기술에서도 다른 국가들에 비해 우위를 점하고 있다. 더욱이 민주주의, 인권, 시장경제 등의 가치를 미국과 공유하고 있다. 이로 인해 한국-미국-일본 간의 협력은 당면한 북한 위협의 관리 및 대응뿐만 아니라 중국에 대한 견제, 더 나아가 미국의 구상에 입각한 인도·태평양 지역의 안정과 미국 중심의 국제 질서 유지라는 측면에서도 매우 중요한 것이다. 조셉 나이Joseph Nye 등 의 학자들이 한·미·일 협력을 강조해온 것 역시 같은 맥락에서 이해될 수 있다.[5]

한·미·일 간의 3국 협력이 비교적 원활하고 효과적으로 작동했던 사례는 1999년 출범하여 2003년까지 활동했던 '한·미·일 정책조정감 독그룹TCOG: Trilateral Coordination Oversight Group'에서 찾을 수 있다. 당초 북 한의 핵무기 개발 프로그램에 대한 공동의 대응을 위해 창설되었던 이 고위급 협의체는 『6자회담』 가동 이전까지 한국과 미국, 일본의 비핵화 관련 정책의 조율에 많은 역할을 했다. TCOG의 경험을 통해 축적된 3국 협력의 동력은 이후 3국 장관급 회의와 합동 군사훈련, 정보공유 등의 형태로 간헐적이기는 하지만 진화하고 발전해왔다. TCOG는 한·미·일 3국이 분명한 공통의 목표의식을 가지고 행동할 때 상당한 조율 및 정책조정 효과를 발휘할 뿐만 아니라, 북한을 비롯 한 동북아시아의 나머지 행위자들을 공동으로 다루어가는 데에도 유 리함을 입증했다고 할 수 있다.

---

5 이에 대해서는 The Diplomat(2015.6.10.) 참조.

Ⅲ. '캠프 데이비드 체제'의 출범, 그 성과와 과제

1. 캠프 데이비드 체제의 의미

2023년 8월 출범한 한·미·일 간 캠프 데이비드 협력체제는 1990년 대부터 한미동맹과 미일동맹의 연계성을 강화하려는 미국의 오랜 숙원의 실현이었다. 미국뿐만 아니라 한국과 일본 역시 과거 TCOG의 경험을 바탕으로 3국 간 안보 협력이 북한 핵문제를 비롯한 한반도 및 동북아 지역의 각종 안보현안에 대처하는 데 유용하다고 생각했지만, 한일관계라는 약한 고리가 3자 협력의 장애요인으로 남아있었다. 한일 간 과거사 문제, 특히 2019년 일제 강제동원 한국인 피해자에 대한 한국 법원의 배상 판결, 일본의 한국에 대한 '화이트 리스트' 배제로 인해 촉발된 양국 간 갈등은 2023년까지도 현재진행형으로 지속되고 있었다. 그러나 2023년 윤석열 정부의 한일관계 개선을 위한 해법(강제동원 피해자에 대한 제3자 변제)을 계기로 한일관계에는 해빙의 계기가 만들어졌고, 이는 8월의 캠프 데이비드 한·미·일 정상회의의 개최로 연결되었다.

캠프 데이비드 체제를 통해 한국, 미국, 일본 3국은 인도·태평양 지역 및 더욱 광역의 지역에서의 협력 추구, 규칙기반 세계질서의 지지, 민주주의와 인권 보호를 위한 공조의 강화, 경제안보 및 공급망 회복 등의 다양한 사안에서의 3국 공조를 다짐했다. 특히, 북한 핵위협에 공동으로 대응할 수 있는 태세의 강화는 북한 핵무기의 최대 잠재적

피해자인 한국과 일본, 그리고 한반도 안보를 보장하고 국제비확산 체제를 유지해야 할 미국이 모두 공감대를 가지고 있는 사안이었다. '캠프 데이비드 정신'은 (1) 북한의 완전한 비핵화를 위한 공약 재확인, (2) 북한의 핵·미사일 프로그램 포기 촉구, (3) 모든 유엔 회원국들의 안보리 결의 이행(대북제재 준수), (4) 북한의 대륙간탄도미사일ICBM 발사를 포함한 탄도미사일 다수 발사와 재래식 군사 행동에 대한 규탄, (5) 북한의 불법 사이버 활동에 대해 우려 표명, (6) 북한의 사이버 위협 및 사이버 활동을 이용한 제재 회피를 차단하기 위한 3자 실무그룹 신설 등의 내용을 담고 있었다.

2023년 9월 한국과 미국, 일본은 제주도 동남방 공해상에서 해양차단훈련 및 對해적훈련을, 10월에는 B-52 등 미국의 전략자산이 참가하는 3국 공중훈련을 실시했다. 해양차단훈련은 2016년 이후 7년 만에 재개된 것이었지만, 3국의 공군력이 동원된 합동훈련은 사상 최초였고, 이는 캠프 데이비드 정상회의 이후의 안보결속 추세를 그대로 상징하는 것이었다. 한미·일 정상회의에서 3국 연습훈련을 중기계획으로 수립하여 실시하기로 한 만큼, 이러한 추세는 앞으로도 계속 이어질 것이다. 또한, 12월에는 한·미·일 3국이 북한의 미사일 위협에 대한 실시간real time 정보를 공유할 체제를 조기에 구축하기로 합의했는데, 이 역시 캠프 데이비드 체제에 입각한 것으로 볼 수 있다.[6]

한·미·일의 안보 협력은 미국의 입장에서는 QUAD태평양 및 인도양 연안협력, AUKUS대양주 협력에 이어 동아시아 지역의 전략적 퍼즐을 완성

---

6   The Korea Times, 2023.12.22.

해주는 효과가 있다. 한국과 일본 역시 양자협력의 동력을 바탕으로 미국과의 동맹을 더욱 강화하는 한편, 전략적·안보적 측면에서의 상호보완성을 강화한다는 의미가 있다. 미국과 일본은 2024년 4월 10일 워싱턴에서 미-일 정상회담을 통해 일본이 미국의 글로벌 및 인도·태평양 지역 전략에 있어 핵심 파트너의 하나라는 점을 재확인했고, 우주개발, 기술혁신, 경제안보 등 다양한 분야에서의 협력을 위한 비전과 계획을 제시했다. 미국과 일본의 AUKUS Pillar 2 참여를 통해 인공지능, 양자컴퓨팅, 극초음속 미사일 등 8개 첨단 군사과학기술 분야에서의 공동개발을 지향하는 등 방산협력을 강화해나가기로 함으로써 미일동맹을 한층 더 업그레이드하기로 했다. 북한 문제에서도 '북한의 완전한 비핵화'라는 기존의 공약을 재확인하는 한편, 북한의 핵 및 미사일 위협, 북한 인권 문제에 대해서도 입장을 같이했다.[7] 미-일 정상회담 일주일 뒤인 4월 17일 윤석열 한국 대통령과 기시다 일본 총리는 전화 통화를 실시해 "한반도와 인도·태평양 지역을 포함한 국제정세의 불안정성이 심화하는 상황에서 한일, 한·미·일 간 긴밀한 협력을 통해 역내 평화와 번영에 기여해나가자"라고 다짐했다.[8] 모두 캠프 데이비드 체제가 단순한 일회성의 이벤트에 그치지 않을 것임을 이야기해주는 대목이다.

---

7 The White House, 2024.4.10.

8 대한민국 대통령실, 2024.4.17.

2. 여전히 취약한 한일관계, 그리고 인태전략의 불투명성

그러나 여전히 해결해야 할 과제들 역시 만만치 않다. 가장 큰 문제는 한미동맹과 미일동맹에 비해 그동안 상대적으로 약한 고리로 인식되어왔던 한일관계의 개선 전망은 여전히 유동적이라는 점이다. 한일 간 '셔틀외교'가 복원된 2023년 5월 26일~28일간 『요미우리신문』과 『한국일보』가 실시한 공동여론조사에 따르면 한국인들과 일본인들은 모두 당시의 한일관계 인식에 대해 40% 이상의 긍정적인 평가를 했는데, 이는 2022년에 비해 세 배 가까이 높은 수치이다.[9] 다만, 향후의 한일관계가 계속 좋은 상태로 유지될 것인가에 대해서는 긍정적 전망이 상대적으로 낮았고(한국 38%, 일본 34%), 한국의 경우 2022년에 비해서도 오히려 긍정적 평가가 감소(53% → 38%)했다. 이는 2023년 한일 간의 관계 개선이 기대한 것보다는 미흡한 수준이라고 보거나, 한일관계를 저해할 부정적 요인들이 여전히 해결되지 않았다고 인식한다는 것을 반증한다.

실제로, 이 조사에서 상대방에 대한 신뢰도의 경우 한국인 응답자의 27.6%만이 일본을 신뢰할 수 있다고 응답했는데, 이는 일본인의 한국에 대한 신뢰 40%에 비해 큰 편차를 보이는 결과이다. 비슷한 결과가 아산정책연구원의 여론조사에서도 나타난다. 2023년 3월 아산정책연구원이 실시한 한국인의 안보인식 관련 여론조사에 따르면 주

---

9 이 조사는 한국인 1,000명과 일본인 1,017명을 대상으로 유무선 전화응답 방식으로 조사한 것이다. 조사 내용에 대해서는 한국일보(2023.6.15.) 참조.

변 4개국 중 일본에 대한 호감도는 미국(10점 기준 6.27)에 이어 2위 (3.66)를 차지했지만, 1위와 2위 간의 편차는 상당했고, 오히려 한국인의 대일 호감도는 중국(3.00)이나 러시아(2.52)에 근접하는 수준이었다. 이러한 조사 결과는 한일 양국 정부, 특히 한국 정부의 관계개선에 대한 강한 의지와 노력에도 불구하고 일반 국민 수준에서는 대일 불신이나 현안 해결에 대한 불만이 남아있음을 시사하는 것으로, 한일관계의 발전을 위한 지속적이고 더욱 적극적인 노력이 필요함을 의미한다.[10]

2024년 인도·태평양 지역에서의 전략적 불투명성이 증가하고 있다는 것 역시 한일관계의 과제이다. 2024년 1월 실시된 대만 총통선거에서 민주당의 라이칭더賴淸德 후보가 승리함으로써 양안兩岸 관계의 긴장 요인이 증대되었고, 북한은 2023년 12월의 조선노동당 제8기 9차 전원회의에서 남북관계가 더 이상 민족 내 관계가 아니고 '적대적인 두 국가관계'라고 선언한 이후 한국에 대해 '불변의 주적', '제1의 적대국'(이하 2024년 1월 김정은의 시정연설) 등의 호전적 발언을 이어가고 있다. 그뿐만 아니라, 북한은 2023년에 이어 2024년에도 핵탄두의 운송체계로 활용될 수 있는 각종 탄도미사일 실험을 계속하고 있고, 한반도 유사시 '전술핵무기'를 적극적으로 사용할 수 있다는 점을 공언하고 있다. 문제는 다양한 분쟁요인이 존재하는 인도·태평양 지역의 특성상 두 가지 이상의 분쟁들이 상호 연계될 수 있다는 점이다. 역내에는 한반도, 대만해협, 남중국해/동중국해, 조어도

---

10 The Asan Institute for Policy Studies. 2023.

등의 갈등 지역이 존재하고, 이는 갈등 전선이 우크라이나 및 동유럽 지역으로 한정되어 있는 유럽의 경우와도 차이를 보인다. 현재의 인도·태평양 지역 안보 환경상 한 지역에서 갈등이나 분쟁이 발생할 경우, 이를 이용하려는 동기가 충분한 세력들이 있다는 것이다. 예를 들어, 북한은 양안관계의 긴장이 조성될 경우 한반도에서도 심각한 도발을 가할 위험성이 있는 행위자로 거론되어 왔고, 중국이 한반도에서의 긴장을 활용해 양안 관계의 주도권을 확인하려 할 수도 있다. 물론, 2023년 11월의 샌프란시스코 정상회담 이후 미·중 양국이 극단적인 갈등을 피하기로 합의하기는 했지만, 이 합의가 그대로 유지될지는 미지수이다.

북·중·러 간의 3각 협력 역시 인도·태평양 지역의 잠재적인 불안요인이다. 북한의 김정은은 2022년 12월의 조선노동당 제8기 7차 전원회의를 통해 현 국제정세를 '신냉전'으로 규정하고, 이를 적극 활용하려는 의지를 피력해왔고, 이는 2023년의 북·러 정상회담과 북·러 밀착으로 연결되었다. 여전히 중국이 북한과 군사적으로 연계되는 것에 대해서는 소극적이고, 북·중·러 3각 협력에도 그리 적극적인 모습을 보이지는 않지만, 북·중·러의 연대coalition 강화는 여러 면에서 위험성을 내포한다. 특히, 2024년 6월의 북·러 정상회담과 『북·러 전략적 동반자관계 조약』(이하 북·러 新조약)은 향후 인도·태평양 지역 전체로 그 파장이 미칠 수도 있다. 가장 먼저 생각할 수 있는 것이 북한 핵문제의 표류이다. 북·러 간 新조약에도 불구하고, 북·러 간의 밀착을 통해 러시아가 주요 핵기술이나 무기체계를 북한에 넘겨줄 가능성은 여전히 그리 크지 않지만, 중국과 러시아가 북한의 핵을 부담이 아니라 일종의 자산으로 볼 위험성은 커졌다. 즉, 중국과 러시아가 북한의 핵무기를 통제 가능한 범위 내에서 용인하는 정책을 취할 경우, 북한의 핵능력 고도화는 더욱 속도를 낼 수 있을 것이고, 이는 한국과 일본에는 심각한 위협의 증대를 의미하게 된다. 2023년부터 워싱턴 내의 특정 정책서클뿐만 아니라 일부 정부 인사들도 북한 핵문제 해결에 있어 '중간단계interim step'를 언급하기 시작한 것 역시 북한 핵문제가 '해결'되는 것이 아니라 '관리'되는 수준에서 머물 수 있을 위험성을 암시한다.[11]

3. 주목해야 할 변수들

2024년의 환경을 중심으로 볼 때 한·미·일 안보 협력이 안정적으로 발전되어나가기 위해서는 세 가지의 변수에 유의해야 한다. 첫 번째는 북한, 중국, 러시아로부터의 견제와 교란 책동에 대응하는 일이다. 이미 러시아는 북·러 밀착을 지렛대로 우크라이나에 대한 한국의 지원 가능성에 경고 신호를 던져왔고, 북한 역시 북·일 관계정상화 협상을 통해 한일관계라는 약한 고리를 공략하려 들고 있다. 특히, 북한은 "일본이 관계 개선의 새 출로를 열어나갈 정치적 결단을 내린다면 두 나라가 얼마든지 새로운 미래를 함께 열어나갈 수 있다는 것이 나의

---

11 비핵화 중간 단계론에 대해서는 Yonhap News Agency(2024.3.7.), NK News(2024.3.7.) 등을 참조할 것.

견해이다"라는 2월 15일의 김여정 담화를 기점으로 여러 차례에 걸쳐, 일·북 간의 정상회담 가능성을 시사했다. 김여정은 3월 25일 『조선중앙통신』에 소개된 담화를 통해 기시다 총리가 빠른 시일 내에 김정은 국무위원장을 만나고 싶다는 의사를 표명했다고 밝혔고, 이어 최선희(외무상)와 리용남(주중대사)도 담화 및 입장발표를 통해 일본과 북한 사이의 교섭 및 물밑 접촉이 이루어지고 있음을 밝혔다. 그러나 동시에 북한은 일·북 간의 대화 의제를 한정했다. 김여정은 2월 15일의 담화에서 "일본이 우리의 정당 방위권에 대하여 부당하게 걸고 드는 악습을 털어 버리고 이미 해결된 납치 문제를 양국 관계 전망의 장애물로만 놓지 않는다면"이라는 전제를 닮으로써 일본인 납치자 및 북한 핵·미사일은 북일 정상회담 의제가 아니라고 못 박았고, 3월 26일에는 "납치 문제가 이미 해결됐다는 주장은 결코 받아들일 수 없고, 일·북 평양선언에 따라 납치, 핵, 미사일 등 여러 현안을 포괄적으로 해결한다는 방침에 변함이 없다"라는 하야시 요시마사 관방장관의 발언을 비판하면서 일본의 입장이 지속되는 한 어떠한 접촉도 거부할 것이라고 밝혔다.

이러한 북한의 태도는 결국 일부 의제에 대한 양보(납치자 문제)를 대가로 북한 핵문제가 거론되는 것을 원천 차단하거나 일·북 대화를 통해 자신들의 의제(일본의 대북제재 해제, 청구권 협상 등)만을 이야기하겠다는 것으로, 실제 대화가 이루어지지 않더라도 한·미·일 협력관계를 이간하겠다는 동기가 내재되어 있다고 보아야 한다. 일·북 대화나 정상회담이 북한 비핵화를 비롯한 한반도 문제 해결의 돌파구가 될 수 있다면 이것은 환영할 일이지만, 북한이 이를 역이용할 경우, 북한의 핵능력은 고도화되는 가운데 보여주기식 북·일/미·북 협상이 재현되는 모순이 발생할 수 있다. 중국 역시 2023년 중에는 크게 가시화되지 않았지만, 주로 한국을 대상으로 한·미·일 협력의 수위조절을 요구하는 은근한 압력을 강화할 가능성이 있다.

둘째, 한·미·일 협력의 가장 큰 현안인 북한 핵문제에 대한 공통의 행동방향Code of Conduct을 정립해야 한다. 예를 들어, 한국과 일본은 모두 북한의 핵위협을 경계하지만, 미국의 '확장억제Extended Deterrence' 공약을 어떤 방향으로 구체화해야 하는가에 대해서는 미묘한 접근의 차이를 지니고 있다. 한국이 북한의 핵 선제공격에 대한 미국의 핵 보복 여부에 중점을 두는 데 반해 일본은 '적 기지 공격론' 등 미일의 군사적 공동태세 강화를 추구하고 있다. 위에서 지적한 바와 같이 북한이 북일 관계개선 협의를 한·미·일 3국 공조를 와해시킬 트로이의 목마로 활용할 경우, 북한 비핵화에 대한 한국, 미국, 일본 간의 접근 편차가 커질 수도 있다. 더욱이, 북한이 자신들의 ICBM과 전략핵무기 능력을 제한하는 대신 전술핵 능력을 인정받는 대미협상 전술을 펼칠 경우, 이는 한미뿐만 아니라 미일 차원에서도 견해차를 유발할 수 있다.

셋째, 2024년 11월로 예정된 미국 대통령 선거 변수 역시 고려해야 한다. 한·미·일 안보 협력에 대해서는 차기 미국 행정부가 바이든 2기인가 '트럼프 2.0'인가에 대해 다른 입장을 나타낼 수 있다. NATO 회원국들이 적절한 비용 분담을 하지 않는다면 러시아가 무슨 짓을 하든 오히려 부추길 수도 있다고 주장했던 트럼프로서는 그의 인도·태평양 지역 동맹국들에 대해서도 같은 입장을 보일 가능성이 크다.[12] 그는 바이든이 주요 업적으로 내세우는 한·미·일 협력에 대해 크게 미련을 보이지 않을 가능성이 있고, 이 경우 캠프 데이비드 체제는 명목상의 협력에 그칠 위험도 있다. 특히, 동맹을 경제적 거래관계의 입장에서 주로 바라본 트럼프 행정부의 입장에서는 한미동맹과 미일동맹 모두 중대한 변화의 기로에 설 수 있다. 물론, 미 대선 결과가 꼭 트럼프의 복귀를 의미하는 것은 아니고 아직은 다양한 가능성이 열려있지만, 바이든 행정부 2기라고 해서 상황이 반드시 나아지는 것만은 아니다. 중동에서의 이스라엘-아랍권 간 분쟁, 우크라이나 전쟁 등 다양한 해결과제가 산적한 바이든 행정부의 입장에서 얼마만큼 구체적인 한·미·일 안보 협력의 대안을 발전시킬 수 있을지 역시 현재로서는 불투명하다.

---

12 정확한 표현은 "No, I would not protect you_{NATO}. In fact, I would encourage them_{Russia} to do whatever the hell they want"였다. 이에 대해서는 ABC News(2024.2.12.) 참조. 트럼프는 4월 20일 타임지와의 인터뷰에서 한국을 '매우 부유한 나라_{very wealthy country}'라고 표현하며, 적절한 방위비 분담을 하지 않으면 지켜줄 필요가 없다는 투로 말하기도 했다(Time, 2024.4.30.).

Ⅳ. 한·미·일 안보 협력 강화 및 한일 협력 방향

이러한 점들을 고려했을 때, 한·미·일 안보 협력을 지속 가능하게 만들고, 진정으로 제도화하기 위한 다양한 노력이 현시점부터 이루어져야 한다. 이를 정리해 보면 다음과 같다.

1. 당면 현안의 해결에서 출발, 포괄적 협력으로

'캠프 데이비드 정신'은 북한 핵·미사일 위협 대비를 비롯, 인도·태평양 지역의 안정을 위협할 다양한 상황들에 대한 공동대응, 그리고 첨단 과학기술을 포함하는 미래를 향한 협력 등 광범위한 협력 범위를 규정하고 있다. 그러나 한·미·일 협력의 동력을 강화하기 위해서는 우선 목표가 뚜렷한 현안에 대한 협력체제에 중점을 둘 필요가 있다. 북한 비핵화라는 목표의식이 뚜렷하였기 때문에 누구도 이에 대해 이의를 제기하기가 어려웠으며(물론, 이는 당시의 미·중 상호견제 심리가 현재보다는 훨씬 낮았다는 데에도 기인한다), 3국의 공동지향점을 찾기도 손쉬웠던 과거 TCOG의 사례에서 교훈을 얻어야 한다. 이러한 점에서 한·미·일 안보 협력은 당면한 북한 핵·미사일 위협 대응을 위한 정보공유와 공동 정보감시태세의 구축에 더 많은 중점을 둘 필요가 있다. 북한의 핵능력이 고도화되었음을 고려할 때, 이러한 위협을 요격과 같은 사후수단으로만 대응하는 데에는 분명한 한계가 있다. 따라서 북한의 핵·미사일 발사 징후에 대한 조기 포착과 신속한 정책결정이 가능한 체제가 확립되어야 한다. 특히 핵탄두 탑재 미사일의 발사 사전 징후 포착을 위해서는 미국의 최첨단 정보시스템에 의한 정보 조기 접근이 가능해야 한다. 캠프 데이비드 체제 출범 이후 북한 핵·미사일 위협 관련 '실시간' 공유가 추진되고 있으므로, 이의 가능한 조기 구축이 이루어져야 한다. 또한, '거부적 억제deterrence by denial'의 측면에서 한·미·일이 북한 등의 미사일 위협에 대한 공동의 방어체계를 구축하는 방안 역시 중기적으로는 논의 의제가 될 수 있을 것이다.

이와 함께 한일 간 '확장억제Extended Deterrence' 공조 역시 적극 검토해야 한다. '확장억제'는 두 가지 요소가 동시에 충족되어야 효과를 발휘한다. 하나는 잠재적 적대국에 대한 '억제'deterrence이고 다른 하나는 확장억제의 수혜국에 대한 '보장'assurance이다. 이 둘은 서로 연결되어 있으며, 핵심은 미국이 실제로 핵무기를 사용할 수 있다는 인식을 바탕으로 그 효과가 나타난다. 만약 잠재적 적대국이 미국이 핵 보복을 가하지 않을 가능성이 크다고 생각하게 된다면 '억제'의 효과가 떨어지고, 미국의 동맹국들도 그렇게 생각한다면 '보장'의 효과가 감소한다. 문제는 미국의 동맹국들이 '보장'에 불안해하면 적대세력에 대한 억제 효과 역시 같이 감소한다는 점이다.[13] 한국과 일본 모두 자체적인 북핵 억제 능력의 확보에는 한계가 있으므로 미국의 '확장억제Extended Deterrence 공약의 보장성을 강화하는 것이 중요하다. 따라서 한일 간 협의에 의해 확장억제의 구체화 수단을 공동발굴하고 이를

---

13 차두현, 2022.11.22.

미국에 함께 요청하는 방안을 추진할 경우 이는 한일협력과 신뢰의 경험 축적에도 도움이 될 것이다.

미국과 일본이 북핵 위협 대응 이상으로 중점을 두는 대만해협 안정 등 지역 문제에 있어서는 한국의 입장 정립이 필요하다. 분명 한국의 입장에서 대만해협 등의 지역 문제는 북한 핵위협에 비해 긴박감이 적은 문제이기는 하지만, 이에 대해 일정 수준의 역할과 기여를 할 준비는 되어 있어야 한다. 대만해협 위기 등에 대해 미국 역시 한국이 지니는 안보소요(북한으로부터의 위협 억제)를 잘 이해하고 있으므로,[14] 직접적인 군사적 관여는 아니더라도 한국이 생각하는 역할에 대한 준비가 되어 있어야 하고, 이것이 한미동맹 차원에서도 한국의 부담 분담을 강조하는 명분이 될 것이다. 지역 안정과 함께, 세계적인 공급망 재편 등의 경제안보, 그리고 미래 성장 동력과 연관된 첨단과학기술 협력에서도 한·미·일 간 정부 차원의 대화뿐만 아니라 민간 교류협력 역시 활성화될 필요가 있다.

2. 견제에 대한 공동의 대응수단 발전

미국, 일본도 마찬가지겠지만, 한·미·일 협력이 북핵 대응에서 더 광역의 안보 협력으로, 그리고 포괄적 협력으로 발전되어 나가는 매 단계에서 이에 대한 직·간접적 견제나 보복이 제기되는 것 역시 충분

---

14 이러한 인식은 2023년 중국의 대만침공을 가상한 CSISCenter for Strategic and International Studies의 보고서에서도 잘 나타난다. 이 워게임에 대해서는 Cancian, Cancian, & Heginbotham(2023.1.9.) 참조.

히 예상 가능하다. 대표적인 것이 중국으로부터의 견제로, 중국은 특히 대만해협 안전이나 공급망 재편, 그리고 첨단과학기술 보호 등에 있어 한국과 일본이 미국에 대한 협력을 견제하기 위해 다양한 수단을 고려할 것이다. 한·미·일 3국 협력의 발전을 저지하려 하는 측에서는 한국을 상대적으로 약한 고리로 간주하고, 한국을 집중적으로 공략하려 할 가능성이 있으며, 이러한 견제나 보복이 한국에 통할 경우 그다음 타겟은 일본이 될 것이다. 따라서 3국 협력에 대한 예상되는 보복에 대비하여 한·미·일 공동의 대응수단을 발전시키는 것 역시 매우 긴요하다. 특정 주변국의 경제·외교적 보복에 동맹국 및 우방국들이 공동 대응함으로써 개별 국가들의 피해를 복구하거나 최소화하는 '집단 복원력Collective Resilience을 강화하는 것은 특히 경제안보 분야에서 더 큰 중요성을 지니며,[15] 특히 한국의 입장에서는 이러한 압력과 보복에 대응하기 위한 한국 자체, 양자(한미, 한일), 그리고 3자 및 다자 차원의 공동대응 수단에 대한 우리 자체의 안을 발전시켜 놓아야 할 것이다.

3. 필수적인 한일 협력 강화

그러나 무엇보다도 현 시점에서 한·미·일 안보 협력의 안정적 유지·발전을 위해서는 한일관계의 약한 고리가 시급히 강화되어야 한다. 만일 한일 간에 적절한 협력의 수단이 발굴되고 이행된다면 한·

---

15 김재천, 2023.10.20.

미·일 안보 협력은 여러 변수들에도 불구하고 동력을 유지할 수 있을 것이다.[16] 무엇보다 한국과 일본이 협력의 동기에 대한 공통인식과 국내적 공감대를 강화해야 한다. 이러한 점에서 한국과 일본 모두 한일협력 혹은 한·미·일 협력의 절박성에 대해 스스로에게 의문을 던질 필요가 있다. '한국에 일본은 무엇인가?', '일본에 한국은 어떤 존재인가?'와 같은 근본적인 질문에 대한 해답을 구해야 하는 것이다. 만약, 한국과 일본 모두 한미동맹과 미일동맹 강화를 위한 방편의 하나로, 미국의 강력한 욕구를 충족시켜주기 위해, 한일관계개선과 한·미·일 협력을 택했다면 한일관계는 여전히 한·미·일 3각 협력의 약한 고리로 남게 될 수밖에 없다. 단순한 외교적 수사를 넘어서 한일관계의 개선과 새로운 한일협력의 정립이 양국의 이익을 위해 긴요하다는 인식이 한국과 일본의 정부와 국민들 사이에서 확산되어야 한일관계의 근본적인 해법이 마련된다.

2025년은 한일관계 정상화 60주년이 되는 해라는 점을 고려할 때, 이제 한일 간의 지속 가능한 협력을 위한 다음과 같은 조치들이 준비되고 실행되어야 할 때이다.

---

16 이는 2024년 미국 대통령 선거 이후 설혹 '트럼프 2.0'의 시대가 개막되더라도 한·미·일 안보 협력에서 중요성을 지닐 것이다. 트럼프가 아무리 동맹에 대해 바이든과는 다른 잣대를 들이댄다고 하더라도 의회와의 관계를 고려할 때 동맹 해체까지를 선택하기에는 한계가 있다. 연임이 아니고 중임을 하는 만큼 4년의 임기 동안 동맹 체제 자체를 완전히 붕괴시키기도 어렵다. 한일 간의 협력은 대미정책에 대한 공조를 가능하게 함으로써 트럼프 정부의 압력을 견디는 데에도 유용할 뿐만 아니라, 포스트트럼프 시대의 동맹 재강화에도 중요한 자산이 될 것이다.

한일 중장기적 공통이익 판단 및 미래비전 연구

한미동맹이 70여 년 이상을 지속될 수 있었던 가장 큰 동력은 양국이 끊임없이 변화하는 지역/국제정세 속에서 공통의 위협을 식별하고 공유 가능한 이익을 최대화하려 노력한 점일 것이고, 이는 미일동맹 역시 유사할 것이다. 그동안 한미 양국 차원에서는 중요한 역사적 변곡점에서 양국의 위협인식을 점검하고 공통이익을 식별하기 위한 분석 및 연구들이 시행되어 왔다. 이는 외교부나 국방부 등 정부차원의 주요 협의의제였을 뿐만 아니라, 여건이 여의치 않을 경우에는 정부의 후원을 받는 민간 공동연구 형식으로 추진되어 왔다.[17] 이제 한일 간에도 유사한 노력이 시행되어야 할 때이다. 한국과 일본이 현재와 미래에 직면할 위협은 무엇인지에 대해 각각 점검하고 어떻게 공통분모를 확대할 것인가, 한국과 일본의 공통이익은 무엇으로 설정되어야 하는가에 대한 진지한 논의가 시작되어야 한다. 이를 바탕으로 한국과 일본의 미래 협력에 대한 비전을 제시하는 공동선언이 관계정상화 60주년을 맞아 발표될 필요가 있다.

주요 현안에 대한 공통의 대응방안 모색

양측의 공통이익을 확대하기 위해서는 한국과 일본이 당면한 외

---

17 그 한 예로, 탈냉전시대가 전개되던 1990년대 초반 한미 국방부 간에는 미래 동맹의 논거와 지향에 대한 공동연구가 추진되었다. 양측 국방 당국이 직접 추진하지는 않았지만, 미 Rand 연구소와 한국국방연구원KIDA이 이를 수행했고, 그 결과는 *A New Alliance for the Next Century*(Pollack & Cha, et al, 1996)로 출판되었으며, 이 연구 결과는 이후 한미 국방 당국의 관련 협의에서 중요한 기초를 제공했다.

교·안보적 주요 현안에 대해 입장 차를 줄이는 한편 공통의 대응책을 수립하려는 노력도 강화되어야 한다. 앞서 지적한 바와 같이, 북한 비핵화와 미국의 확장억제 공약 강화를 위한 한일 공통의 대안 발전, 미 대통령 선거 이후 미국의 동맹정책 전환에 대비한 공동보조, 중국에 대한 대응 등에 있어 한일 간 협력이 모색되어야 한다. 한국과 일본 모두 미국과 동맹관계에 있지만, 미일 혹은 한미 협력을 통해서도 충분히 해결될 수 없는 분야가 있는데, 이는 미국의 이익과 편차가 발생하는 부분에서 주로 발생한다. 한국과 일본이 미국과의 이익 편차를 해결하기 위해 공통의 대응을 할 수도 있어야 한다는 인식이 존재해야 양국 모두 대미·대주변국 레버리지가 강화되고, 이는 한일협력의 동기 강화로 선순환될 수 있다.

상징을 넘어선 실질적인 안보 협력

한일 간의 상징을 넘어선 실질적인 안보 협력 역시 필요하다. 대북 감시정찰능력, 북한 잠수전력에 대한 대응, 한반도 및 인근의 소해협력 등의 군사작전 능력뿐만 아니라 한일 방산협력 가능성도 모색할 필요가 있다. 방위산업에 있어 일본은 미국과의 공동연구개발을 통한 기술의 확보라는 이점을, 한국은 풍부한 시장개척 경험이라는 비교우위를 지니고 있으므로, 중기적인 차원에서는 양국 간의 시너지 효과를 충분히 기대할 수 있다. 예를 들어 한국과 일본 모두 북한 핵위협의 1차적인 잠재적 피해국의 입장에 있으므로, 한·미·일 간 합동 미사일 방어체계의 발전을 위한 한일 간 방산 협력을 모색해볼 수도 있다. 미·중 전략경쟁에서 미국이 뚜렷한 열세에 있는 건함建艦 분야에 있어서도 한국과 일본의 조선 산업이 함께 협력하는 방안을 모색해볼 수 있을 것이다. 일본뿐만 아니라 한국 역시 미국으로부터 AUKUS Pillar 2 참가를 제의받고 있는 만큼 양국 기술과 제품 간 호환성이 강화될 여지가 늘어났으므로 이를 활용할 필요가 있다. 손에 잡히는 실질적인 협력 방안이 가시화되어야 한일 모두 양국 관계의 미래에 대해 확신을 하지 못하는 여론들이 감소된다.

미래 이슈에 대한 공감대와 협력방안 발굴

한일은 또한, 미래 이슈에 대해서도 협력 방안을 발굴해 나갈 필요가 있다. 각종 안보 현안일 뿐만 아니라 미래로 갈수록 그 중요성이 더해질 신흥안보emerging security 분야와 첨단 미래과학기술에서의 협력에도 눈을 돌려야 한다. 특히, AI, 양자컴퓨터, 로봇, 사이버 영역, 무인·자동화, 우주 분야 등에서의 협력 비전을 발전시켜 나갈 필요가 있다. 이러한 분야에 대한 협력은 결국 미래로 이행할수록 한일 양자의 협력동기를 더욱 강화시켜 줄 것이다.

국내정치 변수의 최소화 노력

마지막으로 한일 양국은 국내정치적 변수가 주기적으로 양국 관계에 악영향을 미쳤던 과거의 교훈을 바탕으로, 한일관계를 국내정치적으로 악용하려는 움직임을 차단하기 위해서도 노력해야 한다. 한일관계 현안에 대한 갈등 위주의 보도관행, 각종 국내정치 차원의 부적절한 발언, 서로에 대한 혐오 정서 등을 해결하기 위한 노력이 있어야 한다. 특히, 양국 정부 차원에서는 정부 혹은 정치권 인사들의 부적절한 발언이 있을 때마다, 이에 대해 적절히 제동을 거는 발언이나 조치를 취해 나갈 필요가 있다. 양국 간 혐오나 불신을 조장할 수 있는 정보와 기사의 편향성을 시정하기 위한 언론 및 여론주도층 간의 교류·협력 역시 활성화해 나가야 할 것이다. 과거사 문제에 대해 더 가치중립적인 접근이나 해석이 가능한 차세대 간의 교류 역시 다시 활성화되어 나가야 한다. 갈등과 협력의 병행, 그리고 정부 간 대화 이상으로 민간 차원의 교류·협력의 강화 및 확대를 위해 노력해 나가야 할 시점이다.

4. 마치며

'캠프 데이비드' 체제의 출범 이후 한·미·일 안보 협력은 현재까지 외형상으로는 풍성한 성과를 거두어왔다. 그러나 그 동력의 지속적 확보를 위해서는 외교적 협의나 수사를 넘어서는 실질적 성과들이 제시되어야 한다. 한·미·일 공조를 통해 북한의 이간 전술을 뛰어넘거나, 한·미·일 공조로 인해 북한이 핵 개발에 있어 압박을 느끼는 결과를 도출하는 일에서부터, 지역 안정과 관련된 지역 국가들의 동의를 끌어내는 일, 그리고 더욱 안정적이고 희망이 있는 미래 세계질서를 만들어내는 일에 이르기까지 한국과 미국, 일본이 함께할 수 있는 일은 매우 다양하다.

한·미·일 안보 협력체제가 추구되기 이전에도 이미 한미동맹과 미일동맹은 미국의 동맹 네트워크 중 가장 성공적인 사례의 하나로 평가받아 왔다. 경제적 능력이나 외교적인 위상의 면에서 3국의 협력은 동북아와 인도·태평양 지역을 넘어 세계적 안정으로도 연결될 수 있는 잠재력을 지니고 있다. 그러나 한·미·일이 이러한 협력을 유지하기 위해서는 먼저 한일관계의 기초체력이 강화되어야 한다.

미·중 전략경쟁과 세계적인 새로운 질서 구축 과정에서 한국과 일본은 모두 개별 행위자로서의 대응에 한계가 있다는 공통점을 지닌다. 자체적으로도 무시할 수 없는 수준의 정치력과 경제력, 그리고 군사력을 보유하고는 있지만, 단독적인 대응에는 상당한 희생과 비용을 감수해야 한다. 이러한 점에서 한국과 일본은 미국과의 협력을 강화하기 위한 표정관리 대상으로서의 가치를 넘는 필요성을 분명히 서로에 대해 가지고 있다. 북한 핵문제의 최대 잠재 피해국이고, 중국의 대미 견제를 위한 각개격파의 대상이 될 수 있으며, 미국과의 거래 관계에서도 협력을 통한 가치의 동반상승 여지가 충분히 있다. 이러한 점에서 여전히 남아 있는 갈등 현안들과는 별도로 한일관계의 강화를 위한 적극적이고 참신한 조치들이 고려되고 시행되어야 한다.

차두현

현재 아산정책연구원 수석연구위원이자 연구실장으로 재직 중이다. 연세대학교 대학원에서 정치학 박사학위를 취득하였으며, 한국국방연구원 국방현안팀장(2005~2006), 대통령실 위기정보상황팀장(2008), 한국국방연구원 북한연구실장(2009) 등을 역임한 바 있다. 한국국제교류재단의 교류·협력이사(2011~2014) 경기도 외교정책자문관(2015~2018), 통일연구원 객원연구위원(2015~2017), 북한대학원대학교 겸임교수(2017~2019) 등을 거쳐, 경희대 평화복지대학원 겸임교수(2019~)직을 겸하고 있다. 국가안보실, 통일부, 통일미래기획위원회, 국방부 등 정부 여러 부처에 자문을 제공하고 있다. 저서로는 『미중관계 2025』(공저, 2012), 『한반도 2022 비핵화 평화정착로드맵』(공저, 2019), 『현대 한미관계의 이해』(공저, 2019), 『미·중 경쟁 시대와 한국의 대응: 국격 있는 외교안보전략』(공저, 2021), 『게임 체인저와 미래 국가전략』(공저, 2023) 등이 있다.

제8장

한·미·일 안보 협력: 미국의 양극화와 대외정책의 관점에서

김아람

I. 미국의 국내 정치 환경과 인·태 전략 출범

1. 유권자와 대외정책

2024년 미국의 대선은 불확실성이 높은 선거이다. 2024년 3월에 실시된 ANESAmerican National Election Survey의 대상자 중 무응답자를 제외한 50%가 트럼프를, 나머지 50%가 바이든을 지지한다고 답하였다. 현직 대통령인 바이든의 경우 재임 시 그동안 추진해 온 인도·태평양 전략을 연속적으로 추진해 나갈 가능성이 높다. 그러나 2024년 7월 현재 예비 도전 후보이자 전 대통령인 트럼프가 재임에 성공할 경우, 현 바이든 행정부가 추진하고 있는 인도·태평양 전략은 앞으로 어느 정도 유효할 것인가? 본 장은 미국 유권자의 대외정책에 대한 인식 및 선호 분석을 바탕으로 미국의 양극화 양상을 살펴보고, 2024년 대선 이후 미국의 대외적 행보를 예측해 본다.

유권자 분석을 통해 향후 대외정책의 방향성을 예측하는 것은 이번 선거가 가지는 다음과 같은 특성들에 의해 유효한 것으로 보인다.

첫째, 2024년 대선에서 대외정책이 선거의 주요 쟁점이다(대외정책의 현저성).

통상 미국의 대선 경쟁은 의료정책, 경제지표, 낙태, 총기 소지 등 국내의 경제-사회적 이슈들이 쟁점화되며 이루어져 왔다. 그러나 대선을 앞두고 우크라이나 전쟁과 이스라엘-하마스 전쟁이라는 두 건의 전쟁이 벌어지고 있는 현재 미국은 이례적으로 대외정책을 중심으로 양극화 되고, 정당 간 대립이 고조되고 있다. 2024년 2월에 AP에서 실시한 여론조사에 따르면, 미국의 우크라이나 원조가 '지나치게 많다Too Much'라고 보는 이들은 민주당 지지자의 17%에 그치는 반면, 공화당 지지자 중에서는 55%에 달한다.[1] 정당 엘리트 간의 대립은 이스라엘-하마스 전쟁 발발 직후 백악관에서 2023년 10월 발의한 우크라이나, 이스라엘 및 인도·태평양에 대한 지원안에 대한 6개월에 걸친 민주당과 공화당 하원의원들 간 대립에서 명확히 드러난다. - 바이든 행정부가 제시한 이 130조 원 규모의 지원 법안은 민주당은 만장일치로 지지했던 반면, 하원 다수당인 공화당 내부의 강경파 반대로 하원 가결의 문턱을 반년 동안 넘지 못하였다.

둘째, 정치 엘리트들이 추구하는 정책과 여론의 선호는 상관성을

---

1 AP Washington News, 2024.2.29.

가진다(대중과 정치엘리트의 정책적 선호 상관성).

　그간 다수의 연구들이 대중과 정치 엘리트의 정책적 선호 상관성을 보여 왔다. 대외정책에 대한 여론public opinion과 관련된 연구들은 크게 (1) 여론의 비합리성 (2) 여론의 합리성 (3) 여론의 합리적 무지성 및 엘리트 주도성을 다루는 연구들로 나뉜다. 여론의 비합리성을 논하는 연구들은 주로 2차 대전 직후의 연구들로, 대중은 외교와 관련된 이슈들에 대해 잘못된 정보와 비체계적 인식을 하고 있다는 다소 '비관적pessimistic' 결론을 도출하였다.[2] 그러나 미디어의 발달과 함께 증대된 대중의 정보력과 더불어 이후의 연구들은 대중의 대외정책에 대한 인식이 비교적 정확하고, 안정적이며, 개인적 신념과 가치에 근거하고 있음을 보였다.[3] 마지막으로 여론의 합리적 무지rational ignorance와 엘리트의 여론 주도를 다루는 연구들은, 대중은 합리적 선택에 의해 일상과 거리가 있는 국외 이슈에 대한 정보를 상대적으로 덜 추구하는 경향이 있으며, 이것은 대외정책에 대한 정치 엘리트들과 대중 간의 정보 비대칭information asymmetry을 야기함을 논한다.[4] 그리고 정치 엘리트들과 대중 간의 정보 비대칭에 의해, 대외정책에 대한 여론은 독립적으로 형성되기보다는 정치 엘리트들의 영향을 크게 받음을 주장한다.[5] 대중의 대외정책에 대한 인식 형성이 독립적으로 이루어

2　Almond, 1950; Lippmann, 1955 참조.

3　Converse, 1964; Goren et al., 2016; Holsti, 1992; Jentleson, 1992; Page & Shapiro, 1992; Rathbun, 2007; Rathbun et al., 2016 참조.

4　Baum & Groeling, 2009; Colaresi, 2007; Rosenau, 1965 참조.

5　Berinsky, 2007; Brody, 1991; Zaller, 1992 참조.

지거나(합리성) 혹은 엘리트의 영향에 의해 이루어지거나(합리적 무지), 많은 연구 결과들이 대중과 정치 엘리트의 대외정책에 대한 선호는 밀접한 상관성을 가짐을 보인다.

2. 미국의 인·태 전략 출범

2023년 8월 캠프 데이비드에서 개최된 3국 정상 회담은 한·미·일 협력이 미국의 현 행정부인 바이든 정권의 외교정책에서 차지하는 중요도가 높음을 보였다. 캠프 데이비드에서 한국, 미국, 일본의 세 정상은 북한의 핵·미사일 위협 등에 대비하는 안보 협력, 공급망 안정을 위한 경제협력, 인공지능, 바이오 등의 기술협력이라는 포괄적 협의를 하였다. 최근 급격히 강화되어 온 한·미·일 협력은 바이든 행정부가 추진하여 온 인도·태평양 전략Indo-Pacific Strategy의 일환으로, 현 미국 행정부의 디리스킹de-risking 대중정책과 상보적 전략인 것으로 파악된다. 2023년 바이든 정부가 내건 디리스킹은 정보, 에너지, 바이오테크와 같은 핵심영역에 한정지어 '선택적으로' 중국을 봉쇄하고 차단하는 대중 외교의 기조로, 중국과의 선택적 협력과 선택적 견제를 동시에 추구하기 때문에, 다층적이고 복잡한 중국에 대한 견제수단을 요한다.[6] 이에 따라 미국은 U.S-ASEAN Summit, Quad, PBP와 같은 다자협력, 그리고 양국협력의 재확인 등을 통해 지난 2년여 간, 인도·태평양 지역 다수의 국가들과 전략적 파트너십을 강화하는 움직임을

---

6 Gerwitz, 2023.5.30.

보여 왔다.

미국의 현 인도·태평양 전략은 미·중 관계를 최상위에 둔 상보적complimentary 세부 전략들의 집합으로 볼 수 있다. 세부 전략이란 한·미·일 협력, Quad, PBP, IPEF 등을 뜻하며, 인도·태평양 전략은 이와 같은 중국에 대한 군사적, 경제적, 기술적 견제 수단measure들의 체계system로 이해할 수 있을 것이다. '중국의 부상'에 대한 논의는 20년 이상 지속되어 왔지만, 2021년에 들어선 바이든 행정부에서 비로소 구체적 전략을 형성하게 된 배경에는 국내정치 환경의 변화와 코로나라는 외생적 요인이 있다. 트럼프 재임 중 발현한 코로나는 미국의 외교 전문가들뿐 아니라 일반 국민도 중국을 '위협'으로 인식하게 하는 계기가 되었다. 2020년 미국 내에 발생한 마스크 대란은 미국 각 지역의 정치인들과 유권자들 모두 미국의 중국 생산품에 대한 높은 의존도를 절감하게 하였다. 2020년 재임선거를 앞두고 있던 트럼프는 코로나 초기 대응에 실패했음에도 불구하고, 중국과의 단절 – 디커플링decoupling – 이라는 레토릭을 앞세워 상당한 여론의 지지를 얻어낼 수 있었다.

미국의 인도·태평양 전략은 바이든 행정부에 의해 구체화되고 강화되어 왔다 – 2023년 8월 캠프 데이비드 정상회담을 통한 한·미·일 삼국의 협력강화를 그 일례로 볼 수 있을 것이다. 그러나 중국에 대한 견제를 바탕으로 하는 미국의 대아시아 전략이 모습을 드러낸 것은 트럼프 행정부 시기였으며,[7] 트럼프가 "미국을 다시 위대하게MAGA:

---

7 서정건, 2022 참조.

Make America Great Again"라는 슬로건을 내세워 2016년 대선에서 당선될 수 있었던 국내 정치적 환경이 인도·태평양 전략 출현의 촉진요인이었던 것으로 볼 수 있다. 2016년 트럼프는 중국과 국제사회에 지나치게 개입한 과거 미국 정부를 비판하는 레토릭으로 MAGA라는 지지층을 형성하며 당선에 성공할 수 있었다. 트럼프의 과격한 레토릭이 성공할 수 있었던 배경에는, 지속적으로 증가한 미국 내 경제적 양극화와 이로 인해 백인 저소득층 계층 사이에 팽배해진 박탈감이라는 정치사회적 환경이 있다. 당선 후 트럼프는 중국과의 관세 전쟁에 불을 붙이며, 2018년부터 2020년 사이 중국제품에 대한 관세를 3.1%에서 21%까지 인상하며, MAGA 지지기반을 다졌다.

트럼프의 재임 중 발현한 팬데믹은 2020년 대선을 앞둔 시점에 큰 혼란을 야기하였다. 특히 마스크 품귀 현상은, 미국 유권자들이 미국의 중국 공산품에 대한 의존성을 절감하게 하고, 트럼프의 급진적 '중국과의 디커플링'이 등장하게 된 결정적 계기로 작용하였다. 트럼프는 디커플링 캠페인에서 구체적으로 다음과 같은 발언을 하였다. "우리는 미국을 제조업 초강대국으로 도약하도록 하고 중국에 대한 의존을 종식시킬 것이다. 그것이 디커플링이든, 대규모 관세 부과이든, (수단을 가리지 않고) 우리는 중국에 대한 의존을 종식시킬 것이다. 중국을 믿을 수 없기 때문이다"; "우리는 중국에 빼앗긴 일자리를 다시 되찾을 것이고, 미국 본토를 떠나 중국이나 다른 국가들에서 일자리를 창출하는 기업들에는 관세를 부과할 것이다." 실제로 퓨 리써치센터Pew Research Center의 조사 결과에 따르면 미국 유권자들 중 중국에 호감을 표현하는 이들의 비율은 2017년 40%에서 2020년 19%로, 비호감을 표현하는 이들의 비율은 2017년 47%에서 2020년 79%로 큰 변화 폭을 보였다.

2020년 선거에서 승리한 바이든은 취임 첫날 17개의 행정명령, 성명서, 메모랜덤을 통해, 팬데믹, 환경, 이민자 정책 및 국제조약 탈퇴 등의 부문에서 트럼프 행정부로부터의 전면적 변화를 선언한다. 이 것은 민주당 지지기반의 주를 이루는 유색인종 및 중산층의 선호가 반영된 것으로 볼 수 있다. 한편, 국제사회에서의 미국의 역할을 재건할 의지를 가진 바이든 행정부였지만, 취임 초반 중국에 대한 강경한 입장을 이어나갈 수밖에 없는 상황에 처하게 된다. 2020년 트럼프 재임 중 이루어진 미국과 중국 간 관세 협정에서 미국은 관세 인하에 대한 두 가지 조건을 제시하였다. 첫째, 중국은 지적 재산권, 기술 이전, 농업, 금융, 화폐 영역 개혁을 실행하고, 둘째, 관세 전쟁 이전보다 2천억 달러 이상의 미국 상품 및 농산물을 수입한다는 내용이었다. 중국이 이와 같은 협정 원칙의 절반 정도만을 이행함에 따라, 바이든 은 트럼프의 디커플링 노선을 고수하게 된다.[8]

그러나 2023년 초부터 바이든 행정부는 중국에 대한 정책을 디커

---

8 바이든 행정부 내부 주요 인사 중에는 오하이오 하원의원인 팀 라이언Tim Ryan, 전 민주당 경선 후보 앤드류 양Andrew Yang, 교통부 장관 피트 버티기에그Pete Buttigieg 등의 온건한 노선을 지지하는 캠프와 국무장관 안토니 블린큰Antony Blinken, 국가안보보좌관 제이크 설리반Jake Sullivan, 미국 국가안보회의NSC: National Security Council 멤버인 커트 캠벨Kurt Campbel과 로라 로센버거Laura Rosenberger 등으로 구성된 강경 노선 캠프가 존재하는 것으로 알려져 있다. 바이든 행정부가 임기 초반 보인 중국에 대한 강경노선에는 중국과의 패권 경쟁을 강조하는 강경캠프의 영향력이 특히 크게 작용했던 것으로 분석되고 있다.

플링이 아닌 디리스킹으로 전환하였음을 명확히 밝히고 있다. 이것은 중국과의 완전한 단절은 미국에 경제적 부담을 안겨줄 뿐 아니라, 중국에 대한 군사 안보적 레버리지를 약화시킴을 인식한 데서 나온 방향 전환인 것으로 파악된다. 중국에 대한 의존도를 점진적으로 낮춰가는 전략인 디리스킹이 추구하는 중국과의 선별적 단절은 디커플링이 목표로 한 포괄적 단절과 달리 미국의 국제사회에서의 역할과 활동 증대를 요한다. 중국과의 선별적 단절은 무역, 기후변화 등의 부문에서는 협력을, 군사, 기술 등의 부문에서는 봉쇄를 동시에 추구함을 의미하며, 이것이 가능하기 위해서는 한미협력, 미일협력과 같은 다수의 양국협력과 QUAD, IPEF와 같은 다자협력 등 다층적 수단들이 동원되어야 하기 때문이다. 그러나 바이든 행정부의 인도·태평양 전략은 여론의 양극화를 촉진하며, 2024년 선거에서 바이든의 재임을 불투명하게 만드는 결과를 초래한 것으로 보인다.

Ⅱ. 2024년 대선의 불확실성과 여론 양극화

1. 2024년 대선의 불확실성

선거를 4개월 앞둔 현 시점에서 트럼프와 바이든이라는 두 예비후보에 대한 지지율이 팽팽히 맞서는 가운데, 고조되고 있는 미국 내 여론의 양극화는 미국 국내에서뿐 아니라 국제사회에서의 불확실성을 고조시키고 있다. 바이든 행정부의 인도·태평양 지역과 관련된 양자 및 다자 협력 강화의 행보는 해당 지역 각국의 상보적 인도·태평양(인·태) 전략들을 양산하며, 국제사회에 큰 변화를 가져왔다. 우크라이나 및 이스라엘-하마스 전쟁을 포함하여 국제사회 다방면에서 왕성한 활동력을 보이고 있는 현 미국정부이기에, 미국의 대외정책 기조가 변화될 경우, 이 변화가 각국의 대내외 정책에 미치는 파장은 막대할 것임을 예측해 볼 수 있다.

2024년 7월 현재 트럼프 전 대통령의 공화당 후보 선출이 확실시됨에 따라, 2024년의 대선은 현 대통령과 전 대통령이 재임을 겨루는 이례적인 선거일 뿐 아니라, 접전이 될 것으로 전망되고 있다. 트럼프에 대한 민주당원들을 중심으로 형성되어 있는 부정적 여론은 트럼프의 낙태에 대한 입장, 4건의 주요 소송, 그리고 민주주의에 대한 위협을 트럼프를 지지하지 않는 주요 원인으로 들었다. 한편 바이든에 대한 부정적 여론은 인플레이션, 이민자와 이스라엘-하마스 전쟁에 대한 대응, 연령을 주요 이유로 꼽는다.

두 후보를 둘러싼 여론조사 결과는 2024년의 선거가 그 어느 때보다 불확실성이 높은 선거임을 보인다. 〈그림 1〉은 ANES 2024년 3월 조사의 결과를 토대로 바이든과 트럼프 두 후보에 대한 지지율을 비교한다. 구체적으로 만약 오늘 선거가 치러진다면 바이든과 트럼프 중 어느 후보에게 투표할 것인가라는 질문에 답변한 이들 중 바이든에게 투표할 것이라고 답한 응답자 비율은 0.5, 트럼프에게 투표할 것이라고 답한 응답자 비율 역시 0.5로 동일한 것으로 나타났다.

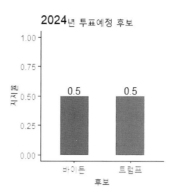

그림 1. 2024년 대선 투표예정후보

　　〈그림 2〉는 현재 바이든과 트럼프를 각각 지지한다고 답한 응답자
들의 2020년 투표 이력을 보여준다. 그림을 통해 현재 바이든 지지자
의 66%가 2020년에도 바이든에게 투표했으며, 유사하게 현재 트럼
프 지지자의 62%가 2020년에도 트럼프에게 투표했음을 알 수 있다.
두 후보 지지자들의 2020년 선거에서의 기권율 역시 각각 29%, 32%

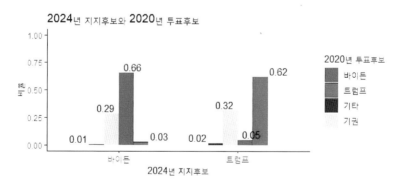

그림 2. 2020년 대선 투표 이력

로 매우 유사함을 확인할 수 있어, 2024년의 선거가 접전이 될 것임을 쉽게 유추해 볼 수 있다.

〈그림 3〉은 11월에 다른 후보에게 투표하게 될 가능성이 있는지에 대한 바이든과 트럼프 지지자들의 응답을 보여준다. 그림을 통해 바이든 지지자의 47%가 투표 대상이 변화할 가능성이 없다고 답하고, 트럼프 지지자의 53%가 변화 가능성이 없다고 응답하여, 트럼프의 지지층이 바이든의 지지층보다 근소하게나마 확고하다는 점을 확인할 수 있다.

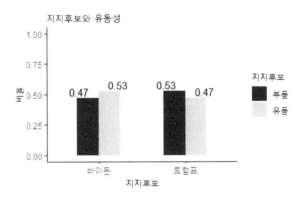

그림 3. 지지 후보 유동성

2. 미국 국내 여론의 양극화

바이든과 트럼프 두 후보에 대한 지지도가 팽팽한 가운데, 양 진영의 정책적 선호는 양극화 되어있다. 2024년 3월에 실시된 ANES 결과를 통해 미국 내 여론 양극화의 구체적 양상을 살펴보자. 먼저 〈그림 4〉는 설문 응답자의 정당정체성 및 이념성향과 지지 후보의 상관성을 보여준다. 2023년 ANES 설문의 응답자 중 32%가 공화당, 38%가 민주당을 지지하며, 30%가 무당파인 것으로 집계 된 가운데, 공화당 지지자 중 트럼프를 지지하는 응답자의 비율과 민주당 지지자 중 바이든을 지지하는 응답자의 비율이 각각 압도적으로 높음을 확인할 수 있다. 한편 스스로 무당파라고 응답한 이들 중 바이든을 지지하는 이들은 전체 응답자의 14%인 반면, 트럼프를 지지하는 이들은 전체 응답자의 16%로 당적이 없는 유권자들 중 트럼프를 지지하는 이들의 비율이 근소하게 높음을 알 수 있다.

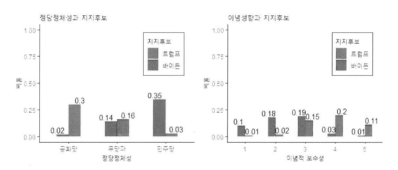

그림 4. 정당정체성 및 이념성향과 지지후보

이념성향과 지지 후보의 상관관계 역시 명확하다. 1-5 사이의 값을 가지는 이념적 보수성에 대한 문항에[9] 스스로 이념적 보수성이 높

---

9 이념적 보수성의 스케일은 다음과 같다: 1 Very liberal(매우 진보적); 2 Liberal(진보적); 3

다고 답한 응답자(4 이상) 중 압도적인 다수가 트럼프를 지지하며, 이념적 보수성이 낮다고 답한 응답자(2 이하) 중 다수가 바이든을 지지함을 육안으로 확인할 수 있다. 한편 스스로를 이념적 중도로 인식하는 이들 (3) 중에서는 바이든을 지지하는 이들이 전체 응답자의 19%, 트럼프를 지지하는 이들이 전체 응답자의 15%로 이념적 중도층의 바이든 지지율이 근소하게 높게 나타났다.

〈그림 5〉는 바이든과 트럼프 지지자들이 중요하다고 느끼는 대외정책이 다름을 보인다. 1-5 사이의 값을 가지는 이스라엘-하마스 전쟁이라는 이슈의 중요도에[10] 대한 문항에, 바이든 지지자들은 '중요한 편'이라고 보는 3을 웃도는 3.54, 트럼프 지지자들은 3.02라고 응답하였다.[11] 우크라이나 전쟁에 대해서는, 바이든 지지자들은 3.73, 트럼프 지지자들은 '중요한 편'이라고 보는 3에 미치지 않는 2.78이라고 응답하였다. 반면 멕시코와 인접해 있는 국경 수비의 강화에 대해서는, 바이든 지지자들은 2.71, 트럼프 지지자들은 '상당히 중요하다'라고 보는 4를 웃도는 4.34라고 응답하는 차이를 보였다. 즉, 바이든의 지지층은 이스라엘-하마스, 우크라이나 전쟁과 같은 국제적 문제들을 상대적으로 중요시 여기는 반면, 트럼프의 지지층은 국경 수비와 같은 직접적으로 국내에 영향을 주는 대외정책을 더 주요하게 인식하

Moderate(중도적); 4 Conservative(보수적); 5 Very Conservative(매우 보수적).

10 중요도의 스케일은 다음과 같다: 1 Not at all important(전혀 중요하지 않다); 2 Slightly important(조금 중요하다); 3 Moderately important(중요한 편이다); 4 Very important(상당히 중요하다); 5 Extremely important(매우 중요하다).

11 수치들은 응답의 평균값을 의미한다.

고 있음을 알 수 있다.

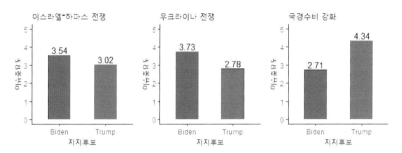

그림 5. 지지 후보와 이슈 중요도

〈그림 6〉은 우크라이나, 이스라엘, 팔레스타인에 대한 물질적, 군사
적, 인도적 지원에 대한 바이든과 트럼프 지지자들의 선호를 보인다.
우크라이나 무기 지원에 대한 1-5 사이의 값을 가지는 선호도를[12] 묻
는 문항에, 바이든 지지자들은 '지지하는 편이다'라고 보는 4에 가까
운 3.88, 트럼프 지지자들은 '지지하지도 반대하지도 않는다.'라고 보
는 3에 못 미치는 2.72라고 응답하였다.[13] 이스라엘 군사적 지원에 대해
서는 바이든 지지자들은 2.81, 트럼프 지지자들은 (평균) 3.34라고 응
답하였다. 반면 팔레스타인에 대한 인도적 지원에 대해 바이든 지지자
들은 3.84, 트럼프 지지자들은 2.72의 선호도를 가지는 차이를 보였다.

---

12 이슈 선호의 스케일은 다음과 같다: 1 Strongly Oppose(강하게 반대한다); 2 Somewhat
    oppose(반대하는 편이다); 3 Neither favor nor oppose(지지하지도 반대하지도 않는다); 4
    Somewhat favor(지지하는 편이다); 5 Strongly favor(강하게 지지한다).
13 수치들은 응답의 평균값을 의미한다.

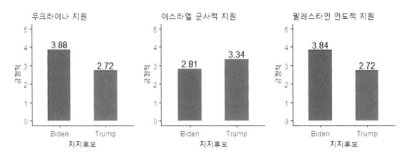

그림 6. 지지 후보와 대외정책 선호

Ⅲ. 미국 여론 양극화의 시사점

인도·태평양 전략의 출범과 함께 미국 대외정책의 외연이 냉전 이후 최대 수준으로 확장되어 있는 현 시점에서 미국 대외정책의 아주 작은 변화도 큰 파장을 일으킬 것이다. 2024년 대선의 도전자인 트럼프가 재임에 성공할 가능성이 낮지 않기 때문에, 미국 대외정책에 변화가 올 가능성 역시 배제할 수 없다. 여기에 고조되고 있는 미국 내 양극화는 높은 확률로 점쳐지고 있는 미국 대외정책 변화의 폭이 심지어 작지 않을 것임을 시사한다. 그렇다면 실제로 미국 행정부의 교체가 이루어진다면, 구체적으로 어떠한 변화들을 예측해 볼 수 있는가?

첫째, 미국의 국제사회에서의 역할이 축소될 것으로 보인다.

2024년 대선은 바이든의 인도·태평양 전략에 대한 평가로 보아도 무방할 것이다. 그만큼 바이든 행정부는 대외정책에 총력을 기울여 왔다. 국제사회에서 미국의 활동력이 증가했다는 것은 비례하여 미국 정부의 대외정책과 관련된 지출이 증가하였음을 의미하기도 하여, 이것이 대외정책이 이례적으로 대선의 주요 쟁점이 된 주원인으로 보인다. 따라서 2024년 대선에서 미국 행정부가 교체된다면, 현 미국 행정부인 바이든 행정부가 인도·태평양 전략에 대한 전 국민적 지지를 끌어내는 데는 실패했음을 의미한다. 앞서 2024년 ANES 조사결과를 토대로 분석해 보았듯, 트럼프의 지지자들은 우크라이나 지원과 같은 대외활동보다 국경수비와 같이 국내에 직접적인 영향을 미치는 활동을 우선시한다. 지지층의 선호와 정치엘리트가 추구하는 정책이 일정한 상관성을 가진다는 전제 하에, 미국 행정부의 교체는 미국의 국제사회에서의 역할 축소를 동반할 것임을 짐작해 볼수 있다.

미국이 국제사회에서 역할을 줄여나간다는 것은, 인도·태평양 전략의 기반인 중국에 대한 정책 기조가 변화될 것임을 의미한다. 앞서 논의한 바와 같이 바이든 행정부가 채택한 중국에 대한 선별적 견제('디리스킹') 전략은 포괄적 견제('디커플링')와 대조적으로, 다층적이고 복잡한 세부 견제 수단들을 요한다. 중국에 대한 선별적 견제는 소극적인 대외협력 활동으로는 유지될 수 없는 전략이다. 따라서 미국 행정부가 트럼프 행정부로 교체되는 경우, 미국의 대중정책은 디커플링에 보다 가까운 전략으로 회귀할 것을 예측해 볼 수 있다.

대중정책의 전환과 맞물려, 현 미국의 인도·태평양 전략의 일환으로 빠르게 확장되어 온 한·미·일 협력체와 같은 다자협력체들의 중요도 역시 감소할 것을 전망해 볼 수 있다. 트럼프의 주요 지지 세력인 MAGA는 미국의 고립주의와 우선주의에 대한 강한 선호를 가지는 집단이다. MAGA를 집결하기 위한 수단으로 트럼프는 한국 등 동맹국에 주둔하고 있는 미군을 감축 혹은 철수시키겠다는 발언을 여러 차례 한 바 있다. 동맹국 혹은 협정국에 대한 미국의 지원과 협력이 축소되는 경우, 미국뿐 아니라 상대 국가들의 양국 혹은 다자협력체에 대한 헌신commitment을 기대하기 어렵게 된다. 더 나아가, 국가 간 협력체들은 상대국가에 대한 신뢰trust를 기초로 존속하기 때문에, 행동을 예측하기 어려운 트럼프가 미국 행정부의 수장이 되는 경우 현재 미국의 인도·태평양 전략의 일환으로 작동 중인 다자협력체들 대부분이 제 기능을 발휘하지 못하게 될 가능성이 매우 높다.

둘째, 대외정책과 관련된 미국 내 양극화는 선거 이후에도 지속될 것으로 예측된다.

현재 트럼프와 바이든 두 예비후보에 대한 지지 세력의 대립은 민주당과 공화당 두 정당 간 대립의 양상이 매우 강하다. 2024년 ANES 조사결과를 통해 살펴보았듯, 트럼프와 바이든 두 후보에 대한 지지를 중심으로 한 미국 내 두 정당의 이념적 정렬의 정도(민주당은 진보적 이념성향을 가진 유권자의 집합으로, 공화당은 보수적 이념성향을 가진 유권자의 집합으로 정렬되고 있음을 의미)는 지속적으로 증가추세에 있다. 이와 같이 민주당과 공화당 지지 유권자 및 정치 엘리트들의 양극화 정도가 높다는 것은. 고조된 대외정책 부문의 현저성salience이 지속될 가능성이 높을 것을 시사한다. 즉, 선거 이후에도 미국의 중국에 대한 전략과 국제사회에서의 역할에 대한 정당 엘리트 간의 갈등이 두드러지는 연속성을 가질 가능성이 높다는 것이다.

대외정책과 관련된 논쟁이 단순히 대선 캠페인의 레토릭에서 끝나는 것이 아니라, 실질적 정책 논쟁으로 확장된다는 것은, 행정 수장으로서 트럼프가 MAGA를 비롯한 트럼프 및 공화당 지지 여론을 염두에 둔 포퓰리스트적populist 대외정책을 실행에 옮길 것임을 의미한다. 대외정책을 둘러싼 정당 갈등은 이스라엘-하마스 전쟁 발발 직후 백악관에서 2023년 10월 발휘한 우크라이나, 이스라엘 및 인도·태평양에 대한 지원 안에 대한 6개월에 걸친 민주당과 공화당 하원의원들 간의 대립에서 이미 엿볼 수 있다. 길지 않은 정치 이력을 가진 트럼프가 공화당 정치 엘리트들에 대한 장악력을 가질 수 있는 요인은 MAGA의 동원력이다. 따라서 정당 내 영향력을 유지하기 위한 수단으로서도, 트럼프의 미국 고립과 우선주의 정책들에 대한 집요함이 지속될 것이라 짐작해 볼 수 있다.

셋째, 공급망 재편과 관련된 대외정책은 한편, 더욱 공격적이 될 것으로 보인다. 반도체를 기반으로 하는 산업의 성장과 중국으로부터의 반도체 수입 증가에 따라, 반도체의 자체 생산은 미국의 인도·태평양 전략의 주요 목표가 되었다. 미국의 반도체과학법The Chips and Science Act은 미국 내 반도체 생산기업들에 보조금과 세액공제를 제공하는 대신 중국 등 우려국에 대한 투자를 제한하고, 미국 기업과의 기술 공유를 요구하는 등 국외 반도체 기업들에 불리한 조항들을 포함한다. 미국의 임금수준은 OECD 평균을 웃돌아 국외 기업체들의 미국 내 반도체 생산으로 인한 손실은 상당할 것으로 예측되고 있다.

그럼에도 불구하고 한국의 반도체 기업들을 비롯한 많은 기업들이 미국 시장 진출에서 빚어질 수 있는 불이익을 염려하여 미국 내 생산 공장 건설을 적극적으로 검토하고 있다. 2022년 발휘된 반도체 과학법은 상·하원 내 초당적 지원으로 통과된 법안이다. 반도체를 비롯한 공급망의 재편은 활발한 대외활동을 전제로 함에도 불구하고, 미국 내 사업 육성 및 일자리 창출이라는 목표를 가진다는 점에서 MAGA 및 공화당 정치 엘리트들의 전폭적인 지지를 이미 받고 있다. 주요 반도체 기업들이 미국 시장을 배제하고 살아남기 어렵다고 판단하고 있기 때문에, 미국 중심의 반도체 공급망 재편을 위한 움직임은 미국의 시장력을 앞세워 차질 없이 진행되고 있다. 따라서 미국 우선주의를 핵심으로 하는 미국의 공급망 재편에 대한 의지는 트럼프 재임 시 더욱 공격적이 될 것임을 예측해 볼 수 있다.

Ⅳ. 한·미·일 안보 협력에 대한 제언

ANES의 조사가 이루어진 2024년 3월에 비해 7월 현재 미국 대선에 대한 긴장도가 고조되어 있다. 지난 6월 27일 전 세계에 방영된 대선후보 TV토론에서 바이든 대통령은 말을 더듬는 등의 행동을 보였으며, 이에 따라 대선 후보인 바이든의 건강 및 인지력 저하에 대한 우려가 확산되었다. 6월 토론 이후에 이루어진 여론조사들에서 트럼프에 대한 지지도가 바이든을 근소하게 앞서고 있다.[14] 미국의 대선은 선거인단제electoral college로 치러진다. 주state 단위의 선거제인 선거인단제에 의해 인구밀도가 낮은 주들이 텃밭인 공화당은 대선에서 상대적 우위를 가진다. 따라서 전국단위의 여론조사에서 트럼프가 근소하게 앞서고 있다는 것은 2024년 대선이 민주당에 상당히 불리한 형국으로 흘러가고 있음을 시사한다.

6월 TV토론 이후 민주당 내부에서도 바이든의 대선포기를 촉구하는 목소리가 나오고 있다. 민주당으로부터의 이탈 현상 역시 관찰되고 있는데, 젊은 유권자들을 중심으로 케네디 등 무소속 및 제3정당 후보로의 지지 이탈이 두드러지고 있다. 이와 같은 진보층의 분열 현상은 11월 실제 선거에서 바이든의 지지도가 현재 전국 단위에서 이루어지고 있는 바이든 혹은 트럼프에 대한 지지조사에서보다 더 낮을 가능성을 시사한다.

바이든이 재선에 성공하지 못할 경우, 미국의 국제사회에서의 역할은 축소될 것이다. 정치계 입지가 약한 트럼프의 공화당 및 의회 장악력은 MAGA를 비롯한 트럼프 지지자들의 전폭적 지지에 기반을 두고 있기 때문에, 트럼프는 이들을 결집하는 대중영합주의를 일관적으로 고수할 것임을 짐작해 볼 수 있다. 앞서 살펴본 바와 같이, 현재 트럼프 지지자들은 국제사회 내 미국의 활동 축소를 요구하고 있다.

---

14 Five Thirty Eight, "Who's ahead in the national polls?"

미국의 국제적 활동 축소는, 미국의 대중 정책이 2020년 이전에 보인 포괄적 견제로의 회귀를 수반할 것으로 예측된다. 과거 트럼프 행정부에서 나타난 중국에 대한 포괄적 견제는, 현 바이든 행정부가 추구하는 선별적 견제에 비해 복잡한 협력체계를 요하지 않는다. 따라서 중국에 대한 적극적 견제의 일환으로 추구된 팽창적 인·태 전략과 그 하위 전략인 한·미·일 안보 협력은 트럼프 재집권 시 크게 약화될 것이다.

　　보다 구체적으로, 트럼프가 재선에 성공하는 경우, 한·미·일 관계는 2020년 이전과 유사한 구도 속에서 전개될 것이라고 보는 것이 타당하다.

　　첫째, 2020년 직전 한·미·일 관계를 결정지은 주요 요인은, 트럼프의 미국이 신뢰하기 어려운 파트너unreliable partner라는 점이었다. 푸틴, 김정일에 대한 개인적 친분을 과시하거나, 주한미군 감축 및 철수를 언급한 트럼프의 언행은 한국과 일본의 미국에 대한 인식을 극적으로 변화시켰다. 미국에 대한 신뢰도 감소는 한국과 일본 두 국가 모두 미국이라는 안보 협력국에 대한 의존에서 탈피하고 안보 자구책을 모색하는 계기로 작용하였다. 양국의 미국에 대한 신뢰도 감소를 야기한 주요인이 트럼프 개인이었던 점을 고려한다면, 동일 인물의 행정부 재집권은 유사한 역사의 반복을 야기할 것으로 예측된다.

　　둘째, 역사적으로 한미동맹이 안정적인 조건 하에서, 한국과 중국의 관계는 미국과 중국의 관계와 큰 상관성을 가져왔다. 즉, 미·중 관계의 우호도가 한중관계의 우호도를 결정하는 주요 요인으로 작용하는 듯 보였다. 그러나 과거 트럼프 행정부 시기 미·중 관계와 한중관계는 이례적인 양상을 보인다. 바이든 행정부를 포함한 대부분의 미국 행정부 기간 한중관계는 미·중 관계의 우호도와 유사하게 변화하였다면, 트럼프의 행정집권 기간 중 미·중 간 갈등 증가는 오히려 한중간 우호도 증가와 밀접한 관계를 보였다.[15] 따라서 트럼프의 재집권이 한미동맹의 약화를 초래하는 경우, 한중 간 우호도가 과거 트럼프 행정집권 기간에서 보인 바와 유사하게 증가할 가능성이 높음을 유추해 볼 수 있다.

셋째, 바이든 행정부의 팽창적 인·태 전략은, 한일관계 우호도 증진의 촉진 요인으로 작용하였다. 한미 및 일미 동맹이 안정적인 조건하에, 정부 차원의 한일관계는 역사적으로 미국 행정부의 한·미·일 동맹체에 대한 헌신과 큰 상관성을 가져왔다.[16] 바이든 행정부의 한·미·일 동맹 강화에 대한 적극성은, 한일관계 개선을 촉구하는 압박 요인이었던 것으로 파악된다. 그러나 트럼프의 재집권이 이루어지며, 한미 및 미일 동맹의 약화가 야기된다면, 한일관계의 우호도를 증가시키는 외부적 요인이 제거됨으로써, 양국 간 관계가 냉각될 가능성이 높아질 것으로 전망된다. 특히, 최근의 한일 양국 정부 간 관계 개선은 국민의 선호를 충분히 반영하지 않은 처사였다는 한국의 국내 여론이 지배적인 상황이다. 따라서 한국의 다음 정권이 현재 지배적 국내 여론을 반영하는 대외정책을 채택하고, 바이든 행정부와 같이 적

---

15 이것은 미국의 대중외교 정책과 대한외교 정책은 직접적 연관성을 가지기보다는, 국내 정치적 요인 등 제3의 변수에 의해 결정됨을 잘 보여주고 있다.

16 이것은 한국과 일본 각국이 미국과의 안보 협력에 대해 가지는 의존성을 시사하기도 한다.

극적으로 한·미·일 협력을 추구하는 외부적 요인이 존재하지 않는다면, 한일 두 정부 간 대립이 상대적으로 심화될 것으로 보인다.

2024년 미국 대선의 추이는 미국과 같은 강대국 내의 정치적 양극화가 국제사회에 미칠 수 있는 영향에 대해 시사하는 바가 크다. 선거에 의해 정권이 교체되는 민주주의 내에서 정치적 양극화 정도가 높다는 것은, 정권의 교체가 동반하는 정책 변화의 폭이 클 수 있다는 것을 의미한다. 이것은 특히 정치 수장의 재량discretion이 높은 대외정책 부문에서 두드러진다.

같은 맥락에서, 한·미·일 안보 협력 역시 미국의 정권교체에 따라 큰 변화를 겪게 될 가능성이 높다. 한국의 정책 관계자들은 미국과 같이 국제사회에 미치는 영향력이 큰 국가의 국내 정치 상황을 주시하여 다가올 변화에 민첩하게 대응할 준비가 되어 있어야 한다. 바이든 재선의 불확실성이 높아짐에 따라, 실제로 많은 국가들이 미국의 선거 양상을 관찰하며, 지난 5월에 열린 한·일·중 정상회의와 같은 선제적 대외 움직임을 보이고 있다.

미국 대선을 앞둔 현재, 대부분의 국가들은 서로 간 갈등을 최소화하고 '보편적universal' 협력을 통해 변화의 폭이 큰 시대적 흐름에 적응하고자 하는 유인을 충분히 가지고 있는 것으로 보인다. 국제사회 변화 폭이 클 것으로 예측되는 현시점에서 보편적 협력은 중장기적으로 '합리적 전략rational strategy'이다. 특히 북한에 대한 견제를 위해 대외적 고립을 감수하기 어려운 한국의 경우, 미국 혹은 중국에 대한 의존도를 줄이고 자체적 군사력을 증강하기보다는, 주변국들과의 갈등을 최소화하고 보편적인 협력을 추구하여, 다방면에서 많은 국가들과의 협력을 강화시켜 나가는 것이 보다 실제적이고 실현이 가능한 안보 독립의 길일 것이다.

그러나 한편, 미국뿐 아니라 다수의 민주주의 국가들에서 정치적 양극화, 특히 정서적 양극화가 증가추세에 있다. 현재 시점인 7월 펜실베이니아 유세 현장에서 미국 대선 후보인 트럼프에 대한 총격이 벌어져, 전 세계를 충격과 혼란에 빠뜨리고 있다. 미국의 정치적 양극화가 미국 내 두 정치 진영 간 정서적 대립으로 치닫고 있음을 극적으로 보여주는 사건이다. 정치적 양극화 – 특히 정서적 양극화의 심화는 정책적 고착gridlock 혹은 단절적 정책 두 가지 극단적 결과를 초래한다.[17] 어느 쪽이든, 중장기적이고 합리적인 외교 전략수립에 불리하며, 정서적 양극화의 심화는 한국 역시 예외가 아니다.

유권자들의 선호가 정책적으로 반영될 수 있도록 디자인되어 있는 민주주의에서, 정치적 양극화가 존재함에도 불구하고, 안정적이고 장기적인 정책을 수립해 나가는 것은 어려운 일이다. 오히려, 정치적 양극화에 의해 정책적 변화의 폭이 커지는 결과가 초래되고 있다는 것은, 변화하는 유권자 선호를 적극 반영하는 민주주의 제도가 제대로 작동하고 있음을 의미하는 것일 수도 있다.[18] 그럼에도 불구하고, 민감한 대외정책 부문에서 단기적 변화들에 의한 휩쓸림을 최소화하

---

17 초당적 합의가 요구되는 부문에서는 정책적 고착이, 집권 정당의 재량이 높은 부문에서는 극적인 정책 변화가 관찰된다.

18 경제적 양극화의 심화, 산업 혁명 등을 정치적 양극화를 빠르게 심화시키고 있는 정치 외부적 요인들로 보는 연구들이 존재한다.

고 안정적 장기 전략을 수립할 필요가 있어 보인다. 이를 위해서는, 집권 정당 및 행정 수장의 당파적 견해로부터 비교적 자유로운 전문인 집단이 당파성을 가지는(가질 수밖에 없는) 정치 엘리트들의 '합리적 정책 결정rational policy making'을 위해 실질적인 영향력을 행사할 수 있는 본격적 제도의 디자인 필요성을 피력하고 싶다.

김아람

제주평화연구원 연구위원으로 재직 중이다. 미국 로체스터 대학교에서 정치학(비교정치, 미국정치, 방법론) 박사학위를 받았다. 아주대학교에서 강의하였으며, 고려대학교 정치연구소 연구위원을 겸임하고 있다. 현재 선진민주주의 국가 내에서 심화되고 있는 정치적 양극화의 양상과 요인, 파생 효과에 관심을 가지고 연구를 지속하고 있다. 주요 논문으로는 "Inequality and Political Parties in US"(2023), "How Progressive is the Most Popular Tax Scheme? The Case of South Korea"(공저, 2023)와 "Effect of Income Inequality on Party Position in OECD Countries"(2022) 등이 있다.

제9장

한·미·일 안보 협력: 새로운 시대의 전망과 과제

김도희

Ⅰ. 핵심 노력선core lines of effort으로서 한·미·일 협력

2023년 8월 18일 미국 대통령의 별장인 캠프 데이비드Camp David에서 역사적인 한·미·일 3국 정상회담이 개최되었다. 이번 회담은 다자회의를 계기가[1] 아니라 한·미·일 정상회의만을 위해 단독으로 개최된 첫 번째 사례라는 점에서 시작부터 주목받았다.

3국 정상은 이번 회담의 논의 결과를 향후 3국 협력의 원칙과 방향을 포함한 기본지침 격인 '캠프 데이비드 원칙'Camp David Principles, 구

---

* 이 논문은 한미·일 삼국협력 포럼(2024.3.21.) 발표문 및 『NARS 현안분석 보고서』(발간 예정)의 내용을 발전시켜 작성하였다.

1 1994년 11월 APEC 정상회의 계기로 개최되었던 3국 정상회담 이래로 계속해서 다자회의를 계기로 3국 정상회담이 개최되었다.

체적인 협력 방안을 명시한 '캠프 데이비드 정신'The Spirit of Camp David, 그리고 위협 발생 시 정책 공조를 내용으로 하는 '3자 협의에 대한 공약'Commitment to Consult으로 발표하였다. 이를 통해 3국 간 협력을 공식화하고, 공동의 이익과 안보에 위협 상황이 발생했을 때 신속하게 세 나라가 정보를 공유하고 공동 대응 방안을 논의할 것을 약속하였으며, 전통적인 위협 대처 외에도 경제 안보, 신흥기술 보호 및 글로벌 공급망 안정화 등으로 협력을 확대하였다는 점에서 한·미·일 3국 파트너십의 새로운 시대a new era of trilateral partnership를 열었다는 평가를 받았다.[2] 특히, 군사 및 경제 안보, 사이버, 과학기술, 글로벌 협력 등 다양한 의제를 포함하면서, 3국 협의체는 명실상부한 인도·태평양 지역 최고의 협의체로 평가받고 있다. 또한 한·미·일 3국의 경제 규모가 전 세계 GDP의 31%를 차지하고, 반도체 장비생산량의 80%를 차지한다는 점에서 3국 협의체가 글로벌 차원에서 사실상 새로운 규칙 제정자rule setter의 지위를 확보하게 될 것이라는 주장도 있다.[3]

바이든 행정부 '인도·태평양 전략'Indo-Pacific Strategy of the United States'의 7번째 핵심 노력선core lines of effort이 한·미·일 협력의 확대였던 만큼 미국 내에서는 한·미·일 3국 협력체의 구축을 큰 외교적 성과로 인식하였다. 일본 내에서도 한국의 정권교체에 따른 한일관계의 불안정성에 대한 우려가 없지는 않았으나, 북한 미사일 대응을 위한 한·미·일 협력을 환영하는 목소리가 대다수였다.[4] 국내에서도 3국 협력으로 한

---

2 Curtis, Wright & Kelley, 2024.3.21.

3 김현욱, 2023.8.21.

국이 얻는 실질적 성과가 무엇인지에 대한 의문을 제기하는 의견도 있었으나, 대체로 3국 협력의 성과를 환영하는 반응이었다. 다만, 한·미·일 전문가들은 이번 캠프 데이비드 정상회담에서의 3국 협력에 대한 합의가 역사상 유례없는 놀라운 성과라는 점에 동의하면서도 이러한 합의를 구체화하고 지속가능성을 담보하기 위한 노력이 필요할 것임을 더욱 강조하였다.[5]

한·미·일 3국 협력은 이제 막 시작된 것이기 때문에 사실상 캠프 데이비드 회담의 성과는 향후 구체화 될 미래의 협력에 따라 결정될 것이다. 그렇다면, 이제 우리는 새롭게 시작된 한·미·일 파트너십의 지속과 발전에 영향을 미치는 요인은 무엇이며, 이를 위한 구체적인 과제는 무엇인지를 탐색하는 데 초점을 맞춰야 한다. 이 질문들에 대한 답을 찾고 이로부터 도출된 과제를 실천하는 것이 곧 3국 협력 성공의 열쇠가 될 것이기 때문이다.

II. 한·미·일 3국 협의체 현황 및 영향 요인

1. 한·미·일 3국 협의체 현황

이번 캠프 데이비드 회담의 일차적인 성과이자 향후 한·미·일 3국

---

4 박명희, 2023.10.5.

5 Atlantic Council, 2023.8.18.

협력의 안정성과 지속가능성을 담보하기 위한 핵심 요소로 '3국 협의체의 구축 및 제도화'를 들 수 있다.[6] 한·미·일 3국 정상은 정상회의, 국방장관, 외교장관, 산업·상무장관, 국가안보실장 간 연례회의 개최와 재무장관 회의 신설, 그리고 각국의 인도·태평양 접근방법의 이행 조율을 위해 차관보급의 연례 '인도·태평양 대화'를 개최하는 데 합의하였다. 2024년 4월 말 현재 이러한 합의 시행을 위한 후속 조치 현황은 다음과 같다(표 1 참조).

첫째, 2023년 12월 한·미·일 3국은 기존에 합의한 대로 북한 미사일 경보정보의 실시간 공유체계를 가동하였다.[7] 또한, 2023년 12월 대북 사이버 실무그룹을 출범시키고, 다년간 3자 훈련 계획을 수립하였으며, 이에 따라 2024년 1월에 한·미·일 해상훈련 그리고 4월에 해상 및 공중훈련을 시행하였다.

둘째, 2023년 12월 9일 개최된 한·미·일 안보 실장 회의에서 북한 비핵화와 군사협력 이행을 위한 공조 강화를 재확인하는 한편, 군사정찰 위성 발사에 대한 공조, 공급망 협력 강화 및 신흥기술 등에 대한 전략적 협력을 지속·강화할 것에 합의하였다.

셋째, 2024년 2월 22일 G20 참석을 계기로 개최된 3국 외교장관회

6　한·미·일 3국 협력은 고위급 협의체의 제도화 외에도 역내 평화와 중국에 대한 대응, 안보 협력과 대북 공조, 경제 안보, 글로벌 협력 등의 분야에서 다양한 합의를 하였으나, 이 보고서는 이러한 합의 지속을 담보할 수 있는 기제가 3국 협의체라는 점에서 협의체의 제도화에 초점을 맞추고 있다.

7　애초에 북한 미사일 경보정보의 실시간 공유체계는 2022년 11월 프놈펜 3국 정상회담에서 합의되었으며, 2023년 11월 12일 3국 국방장관회의에서 2023년 12월부터 가동하기로 합의하였다.

의에서는 북한 미사일 경보정보 실시간 공유체계 가동을 비롯한 지난해 성과를 바탕으로 한·미·일 3국의 협력을 더욱 강화할 것에 합의하였다.

넷째, 한미 산업·상무장관은 2024년 2월 유선 통화에서 3국 장관 회의를 조속히 개최할 것에 합의한 이후, 6월 27일 워싱턴 DC에서 마침내 첫 회의를 개최하여 인도·태평양 지역 경제 안보 증진을 위한 전략적 협력 강화에 대한 3국의 의지를 확인하였다.

다섯째, 3월 13일 제3차 한·미·일 경제 안보 대화에서는 공급망과 핵심 신흥기술 분야, 우주 및 디지털 분야 협력이 논의되었다. 이어 4월 17일에는 첫 한·미·일 재무장관 회의가 개최되어,[8] 경제·금융 협력 의지를 확인하고, 경제성장, 금융안정, 대북·대러 제재, 공급망, 개발 협력, 글로벌 공급망 강화 파트너십Resilient and Inclusive Supply-chain Enhancement Partnership, RISE 추진 등 다양한 사항을 논의하고, 향후 실무급 협력을 지속해 나가기로 합의하였다.[9]

여섯째, 2024년 1월 개최된 제1차 인도·태평양 대화에서 3국은 동남아시아·아세안·태평양 도서국 등 역내 주요국들과의 협력 강화, 경제 안보 및 회복력, 해양 안보 및 법 집행, 해외 허위정보 대응을 위한 전략 소통 및 공공외교 분야를 중심으로 구체적인 협력 방안을 논의

---

8 우리 정부는 그동안 미국, 일본과 각각 재무장관 회의를 개최해왔다. 한미 재무장관 회의는 2016년과 2022년에 개최되었고, 2006년 시작된 한일 재무장관 회의는 한일관계의 경색 국면으로 인해 2016년 제7차 회의를 끝으로 중단되었다가, 2023년 6월 29일에 7년 만에 재개된 바 있다.

9 기획재정부, 2024.4.18.; 기획재정부, 2024.4.30.

한 바 있다. 이 외에도 2023년 10월 개발·인도적 지원 정책 대화, 11월 우주 안보 대화, 12월 과학·혁신 분야 협력 프레임워크 서명 등도 캠프 데이비드 3국 정상회담의 후속 조치로 시행되었고, 2024년 7월 부산에서 제1회 한·미·일 글로벌 청년 서밋이 개최될 예정이다.[10]

표 1. 한·미·일 협의체 구축 및 후속 조치 현황

분야	3국 협의체	연례화	후속 조치
정상	정상회의	○	2023년 11월 APEC 정상회의 계기 회동 2024년 정상회의 개최 지속 논의 중
국방	국방장관회의	○	2023년 11월 12일 회의
	기타		다년간 3자 훈련 계획수립(2024.12.) 해상 훈련(2024.1. / 4.), 공중 훈련(2024.4.) 북한 사이버 활동 대응 실무그룹(2023.12.)
외교	외교장관회의	○	3차례의 장관회의(2023.9. / 11. / 2024.2.)
	인도·태평양 대화		차관보급회의 발족(2024.1.)
산업	산업·상무장관 회의	○	2024년 상반기(6월경) 개최 예정
안보	국가안보실장 회의	○	2023년 12월 9일 개최
금융	재무장관 회의		2024년 4월 17일 개최 향후 실무급 협력 지속 합의
	기타		3국 개발금융 관련 기관 간 협력 – 수출입은행–DFC–JBIC 간 인프라 협력을 위한 MOU 체결(2023.8.) 미·일과 양자 차원 외환·금융시장 협력 지속 WB/IMF 연차총회 계기 공급망 강화 파트너 십RISE 출범(2023.10.)

※ 외교부, 2024.5.2.; 기획재정부, 2024.4.30.; 관련 부처 보도자료 참조 자료

---

10 외교부, 2024.5.2.

2. 한·미·일 3국 협력의 영향 요인

캠프 데이비드 3국 정상회담 이전까지 한·미·일 협력은 그다지 성공적 결과를 도출하지 못하였다. 그렇다면, 그동안 한·미·일 협력을 저해한 요인은 무엇이었을까? 주요한 영향 요인으로 다음을 생각해 볼 수 있다.

한미동맹과 미일동맹

우선, 가장 주요한 영향 요인으로 한국과 일본이 각각 미국과의 양자 동맹을 통해 안전을 보장받고 있다는 점을 들 수 있다. 한국과 일본은 동아시아 지역 내 미국의 핵심 동맹국으로서 미국은 1951년 일본과 1953년 한국과 상호방위조약을 체결하고, 양국에 미군을 주둔시키고 있다. 한일 양국은 과거 냉전 시기부터 정도의 차이는 있으나 소련, 중국, 북한으로부터의 안보 위협을 일정 부분 공유해왔고, 최근 미·중 경쟁 본격화 이후에도 이러한 위협인식을 유사하게 공유하고 있다. 그러나 일반적으로 위협인식의 공유가 동맹을 견인하는 것과 달리 한일 양국은 직접적인 동맹 관계를 맺지 않고, 미국의 중심축과 바큇살 구조Hub and spoke 내에서 누가 린치핀linchpin이고 누가 코너스톤 corner stone인지를 신경 쓰면서 경쟁적인 모습을 보여 왔다. 즉, 한일 양국은 각각 미국과의 양자 동맹을 통해 안보를 보장받고 있었기 때문에 양국 간 직접적인 협력의 필요성이 높지 않았으며, 오히려 한일관계보다는 미국과의 관계에서 더 중요한 위치를 차지하고, 안전을 더

확실하게 보장받는 데 치중해왔다고 볼 수 있다.

한일 과거사 문제

한·미·일 협력이 어려웠던 또 다른 이유로는 한일 과거사 문제를 들 수 있다. 한일 양국은 해방 후 20여 년 이상 적대적 관계를 유지해 왔으며, 그 이후에도 일정 부분에서는 협력을 추진하면서도 식민 지배의 역사에 대한 사과와 보상, 영해 문제, 조업권, 위안부, 강제노동피해자 등을 둘러싸고 크고 작은 이견을 보여 왔다. 이렇게 해결되지 않은 양국의 과거사 문제는 한일관계를 한·미·일 삼국 관계의 약한 고리로 만들었고, 미국은 동맹 관리 차원에서 이의 부정적 영향을 최소화하기 위해 양국 간 갈등에 선별적으로 개입해왔다. 미국의 중재 노력은 공개적인 경우도 없지는 않았으나, 대부분 물밑에서 비공개적으로 진행되는 경우가 많았다. 예를 들면, 2014년 3월 미국 오바마 Barack Obama 대통령은 핵안보정상회의를 계기로 한국의 박근혜 대통령과 일본의 아베 총리와 별도로 회동하여 한일 간 위안부 문제의 해결을 중재하고자 하였는데, 이는 사실상 미국이 한일 간 역사문제에 공개적으로 개입한 첫 번째 사례로 볼 수 있다.[11] 그러나 미국이 항상 적극적으로 한일 양국 간 갈등에 개입한 것은 아니다.

동맹 공약과 유사동맹

한국과 일본처럼 직접적인 동맹 관계는 아니지만, 동일 제3국과

11　손열, 2018, pp.157~159; 조양현, 2022, p.15.

양자 동맹을 맺고 있는 두 국가의 경우 제3국의 동맹 공약의 변화가 양국 관계에 영향을 미친다는 주장이 있다. 이를 유사동맹quasi alliances 이라 하는데, 유사동맹은 '두 국가가 서로 동맹을 맺지는 않았지만, 제3국을 공동의 동맹으로 공유하고 있는 상태'를 지칭하는 것으로, 미국의 동맹 정책이 한일 양국 관계의 변화에 주요한 영향 요인으로 작용한다고 주장한다. 이 이론에 따르면 외부의 위협은 제3의 동맹국 이 보여주는 공약의 확실성 여부에 따라 다르게 인식되고, 동맹국의 안보 공약이 약화할 때 위협과 방기의 위험에 대한 인식이 극대화된 다. 이때 유사동맹 관계의 두 나라 모두 제3의 동맹국으로부터 방기 의 위험을 공유하면 양국 관계는 협력적으로 되며, 방기의 위험을 낮 추기 위해 적극적으로 공약을 제시하게 된다고 한다.[12]

국내 정치와 리더십의 영향

한·미·일의 국내 정치 상황이 3국 간 협력에 영향을 미칠 수 있다. 미국 정부의 대외정책은 데탕트와 같은 국제정세의 변화, 전쟁, 해외 주둔 미군 등에 대한 정당 간 이견이나 여론으로부터 영향을 받아왔 으며, 궁극적으로 이러한 미국의 국내 정치 상황은 한미 및 미일 동 맹, 그리고 한·미·일 협력에 영향을 미쳤다. 한국과 일본의 국내 정치 는 주로 과거사 문제를 중심으로 여론이 양극화되어 갈등을 유발하 면서 양국 관계를 어렵게 하는 주요 요인이 된다.

또한, 리더십의 특성 역시 동맹 또는 유사동맹 관계에 영향을 미치

---

12 Cha, 2000.

는 중요한 요인이다. 예를 들면, 다자보다는 양자 관계를 중요시하던 트럼프 대통령 시기 미국은 한일 과거사 갈등 중재에 소극적이었을 뿐만 아니라, 한·미·일 협력에도 큰 중점을 두지 않았다. 트럼프 행정부 시기는 한국과 일본 모두 더 많은 방위비 분담 압박을 받는 등 미국의 동맹 공약 약화를 경험하였다. 상기 유사동맹 논리에 따르면 이처럼 미국의 동맹 공약이 약화하면 한일관계는 더 밀착하는 것이 일반적이지만, 실제로 이 시기 한·미·일 관계는 그 반대였다.

당시 문재인 정부는 북핵 문제 관련 정책 공조를 제외한 한·미·일 안보 협력에 소극적이었을 뿐만 아니라, 2015년 한일 위안부 합의 실현을 위한 화해치유재단의 해산, 2018년 한국 대법원의 강제 동원 관련 일본 기업의 배상 책임 확정판결 등 한일 갈등을 유발할 수 있는 사안들을 유연하게 관리하지 않았다. 이에 대해 일본 정부가 강력히 반발하면서 반도체 관련 3개 소재의 한국 수출을 규제하고, 한국을 수출관리 우대그룹에서 제외하기에 이르렀다. 결국, 한일 간의 갈등은 한국의 지소미아GSOMIA 연장 불가 결정으로 정점에 달했고, 이 시기에 이르러서야 미국 정부는 안보 이익에 대한 부정적 영향을 이유로 한국 정부에 이를 재고할 것을 강력히 권고하였다. 결국, 한국 정부가 지소미아 종료 통보의 효력을 정지시킴으로써 이의 종료는 피했으나 이후에도 한일관계는 쉽게 회복되지 못했다.[13] 이 사례는 결국 리더십과 그에 따른 정부의 정책 기조가 동맹 및 유사동맹 관계에 영향을 미치는 중요한 요인이라는 점을 여실히 보여준다고 하겠다. 특

---

13 조양현, 2022, pp.16~18.

히, 이후 출범한 바이든 - 윤석열 - 기시다 정부하에서 한일관계가 회복되고 한·미·일 협력의 새로운 시대가 개막되었음을 볼 때 그 영향을 더 분명히 확인할 수 있다.

이상의 내용을 정리하면 결국 한·미·일 3국 협력에 가장 큰 영향을 미치는 요인은 미국이 제공하는 동맹 안보 공약과 한미 갈등에 대한 미국의 중재·개입, 즉 미국의 동맹 관리에 대한 의지와 능력, 그리고 한·미·일 3국의 국내 정치 및 리더십이라는 것을 알 수 있다. 이에 따르면, 캠프 데이비드 3국 협력 합의는 바이든 행정부의 동맹 중시 기조 및 한·미·일 협력에 대한 열망이 윤석열 대통령의 한일 갈등 해결에 대한 전향적 자세와 기시다 총리의 호응과 맞물려 성사된 것으로 볼 수 있다.

III. 한·미·일 3국 협력의 전망과 과제

1. 한·미·일 3국 협력의 전망

캠프 데이비드 정상회담을 통해 한·미·일 3국이 삼자 협력의 새로운 시대를 연 것은 사실이지만, 그동안 이러한 형태의 협력이 국제정세의 변동이나 국내 정치의 변화에 따라 제대로 작동하지 않거나 지속하지 않는 경우도 빈번하였다. 따라서 이 시점에서 앞으로 3국 협력이 지속·발전할 수 있을 것인가에 대해 전망하고, 이 과정에서 쟁점이 되는 요소들을 살펴보는 것은 의미 있는 작업이 될 것이다.

미국 동맹전략의 변화

한·미·일 3국 협력의 발전에서 가장 핵심적인 부분은 바로 미국의 동맹 관리 의지와 역량 즉, 미국 동맹전략의 변화이다. 이 부분에서 우리는 과거와 다른 몇 가지 차이를 발견할 수 있다. 첫째, 냉전·탈냉전기와 달리 미·중 경쟁과 더불어, 러시아-우크라이나, 이스라엘-하마스 두 개의 전쟁에 대응하고 있는 미국의 국력은 더는 과거와 같은 절대적 지위를 차지하지 못하고 있다. 둘째, 상대적으로 한국과 일본의 국력은 향상되었으며, 두 국가 모두 미국의 파트너가 될 수 있는 역량을 보유하게 되었다. 셋째, 군사·안보적 영역에 국한되었던 동맹의 범위가 경제 안보와 신흥기술, 사이버, 우주, 보건 등 다양한 의제를 포함하는 포괄적 동맹으로 확대되었다. 넷째, 상기와 같은 변화에 따라 바이든 행정부는 과거와 같은 중심축과 바큇살 구조Hub and spoke가 아닌 격자형lattice work 소다자 동맹전략을 추진하고 있다.

즉, 미국의 국력이 쇠퇴한 반면, 한국과 일본의 국력은 상대적으로 향상되었고, 동맹의 협력 범위는 더 포괄적으로 확대되었으므로, 바이든 행정부는 전통적인 동맹 중시 기조를 강조하면서 동맹 관리 의지를 표출하고, 통합억제와 포괄적 협력으로 대표되는 격자형 소다자 동맹전략을 선택함으로써 부족한 역량을 보완하였다는 점에서 3국 협력의 전망을 긍정적으로 볼 수 있다. 다만, 이 경우에도 여전히 미국의 자국 우선주의적 요소가 포함되고 있고, 협력의 범위 확대로 인해 동맹 간 국익의 조율이 더 어려울 수 있다는 점에서 제한적 요소가 없는 것은 아니다.

트럼프 2기 출범의 경우

2024년 11월에 치러질 미국 대선에서 현 바이든 정부와 확연히 다른 동맹관을 보유한 트럼프 전 대통령이 당선된다면 동맹에 대한 미국의 의지가 약해질 가능성이 크므로 한·미·일 3국 협력의 전망은 불투명해질 수 있다.

이미 트럼프 1기에서 경험한 바와 같이 트럼프 전 대통령은 동맹의 가치를 경시할 뿐만 아니라, 비용 분담을 강조하는 거래적인 동맹관을 보유하고 있다. 이번 공화당 경선 중에도 트럼프 전 대통령은 과거 나토 정상회의 때의 일화를 소개하면서, 나토국가들이 분담금을 제대로 내지 않으면 러시아의 공격으로부터 보호하지 않을 것이며, 러시아가 원하는 것을 다 하도록 독려하겠다고 발언하여 논란을 일으킨 바 있다.[14] 또한, 그는 한국이 주한미군을 지원하기 위해 더 큰 비용을 지급하지 않는다면, 미군을 철수할 수 있다고 주장하면서 미군의 한반도 주둔에 대한 부정적 시각을 다시 한번 드러내기도 했다.[15] 그뿐만 아니라, 한·미·일 3국 협력의 주요 목적 중 하나가 북한의 위협에 대한 공동 대응임에도 불구하고, 트럼프 전 대통령은 슈퍼화요일 경선에서 승리한 후 북한은 심각한 핵보유국이지만 자신은 북한과도

---

14 Sullivan, 2024.2.11.

15 Cortellessa, 2024.4.30.

잘 지냈다고 강조하며, 북한과의 대화 의지를 공공연히 밝힌 바 있다. 또한, 트럼프 전 대통령의 측근으로 알려진 외교·안보 전문가들은 트럼프 대통령이 북한을 핵보유국으로 인정하고 핵 군축과 재정적 인센티브 제공을 교환하는 협상을 고려하고 있다고 증언하고 있다.[16] 이를 볼 때, 트럼프 전 대통령이 재집권할 경우 북한을 핵보유국으로 인정할 수도 있으며, 한국이 배제된 채로 북미 간 협상이 진행될 수 있다는 점에서 우려할 수밖에 없다.

이런 사례들과 함께 트럼프 1기 한일관계 악화 시에도 미 행정부가 개입이나 중재 의지를 크게 드러내지 않았다는 점을 종합해보면 트럼프 2기에서도 한미·일 협력에 큰 관심을 두지 않을 가능성이 있으며, 설사 한미·일 협력이 유지된다고 하더라도[17] 트럼프 행정부가 공정한 몫을 분담할 것을 강조하면서 한국과 일본에 막대한 비용을 지급하도록 할 가능성이 매우 클 것으로 보인다.[18]

국내 정치의 영향과 리더십

또 다른 주요한 영향 요인으로 국내 정치 즉, 3국의 국내 선거의

---

16 Ward, 2023.12.13.

17 트럼프 1기 행정부에서 고위직으로 일했던 인사들은 트럼프 대통령이 미·중 경쟁 상황에서 한미·일 협력을 유지하는 것이 더 유리하다는 참모들의 의견을 수용할 것이라고 예상한다 (윤영관, 2024.6.15.).

18 이런 차원에서 현재 한미 간 진행되고 있는 제12차 방위비 분담금 협상은 새 행정부 출범 이후 진행되어야 한다거나, 트럼프 2기가 출범한다면 이전에 결정된 방위비 분담금을 인정하지 않을 가능성이 있다는 우려가 제기되기도 한다(김은중, 2024.1.26.; 김현, 2024.3.20.; 이민석, 2024.4.15.).

영향을 들 수 있는데, 미국 트럼프 대통령의 당선, 한국 좌파 정부와 자민당 우파 극우세력 집권의 경우가 그 사례이다. 현재 국내 정치 양극화 현상의 심화로 인해 한·미·일 3국 협력의 성과와는 별도로 바이든 대통령, 윤석열 대통령, 기시다 총리의 지지율은 최저치에 도달한 이후 쉽게 반등하지 못하고 있다.

　2024년 11월 치러질 미국 대선 레이스에서 공화당 후보인 트럼프 전 대통령이 바이든 대통령보다 높은 지지율을 보이고 있으며, 특히 6월 개최된 대선후보 TV 토론 이후 이러한 추세는 더 공고해지고 있다. 또한 2024년 4월에 치러진 한국총선에서 집권 여당이 참패함에 따라 윤석열 정부의 대외정책 기조 자체는 달라지지는 않을지라도 한일관계 개선 등 야당이 강력히 반대하는 정책은 추진 동력을 상실할 가능성이 크다는 우려가 한국은 물론이고 일본 내에서도 제기되고 있다.[19] 일본의 기시다 총리 역시 자민당 비자금 스캔들로 인해 4월 초 진행된 조사에서 16.6%의 최저 지지율을 기록했고,[20] 4월 28일 치러진 중의원 보궐선거에서도 전패하면서 정권교체 가능성이 제기될 정도의 위기에 빠졌다는 평가를 받고 있다.[21] 특히, 한·미·일 협력의 약한 고리로 평가되는 한일관계의 진전을 위해서는 국민적 공감대 형성이 필수적이므로 지도자들의 낮은 지지율은 크게 우려할 만하다.

19　이승훈, 2024.4.11.

20　박상현, 2024.4.11.

21　강구열, 2024.4.29.

다만, 한·미·일 대 북·중·러의 대결 구도 형성, 북한의 핵 및 미사일 위협 고도화, 우크라이나 전쟁의 지속 등 국제정치의 구조적 요인들이 강화됨에 따라 상대적으로 국내적 요인의 영향이 약화할 가능성도 있다. 특히, 북한의 핵·미사일 시험을 비롯한 무력도발이 발생한다면 3국 정치지도자들의 낮은 지지율에도 불구하고 한·미·일 협력의 중요성은 더욱 주목받을 수 있고, 한일관계 개선의 동력이 유지될 가능성도 있다.[22]

2. 한·미·일 3국 협력의 발전 과제

이상에서 살펴본 한·미·일 3국 협력에 대한 도전 요소들을 고려할 때 3국 협력의 지속성을 담보하기 위해서는 제도화 및 공식화를 통해 이를 불가역적인 기정사실로 만드는 것이 필요함을 알 수 있다. 또한, 실질적인 협력의 성과가 도출될 수 있도록 3국 협력을 구체화하고, 확대하는 한편 한·미·일 관계의 약한 고리로 평가되는 한일관계를 공고화할 방안을 모색해야 한다. 그뿐만 아니라, 캠프 데이비드에서 발

---

22 외교정책은 대외적 환경과 대내적 요인 모두에 의해 영향을 받는다. 왈츠Kenneth Waltz의 신현실주의 이론에 따르면 국가 간 힘의 배분 상태는 국제정치의 구조를 이루며, 모든 국가의 외교정책은 구조의 압력에서 벗어날 수 없다. 소련의 붕괴로 냉전이 종식되면서 국제적 양극체제는 미국 중심의 단극체제로 바뀌면서 탈냉전기의 미국의 대외정책이 냉전기와 비교하면 국제구조의 압력과 제약으로부터 상당히 자유로워졌으나, 최근 중국의 부상으로 중국과의 전략경쟁이 시작되어 국제구조의 제약은 다시 커지고 있다. 미국은 여전히 다른 나라와 비교해볼 때 강한 국력 덕분에 대외적 환경으로부터 상대적으로 영향을 덜 받기 때문에 다른 국가들보다 외교정책 결정 과정에서 대내적 요인의 영향이 더 부각되는 것으로 볼 수도 있다.

표된 '3자 협의에 대한 공약'에 내재하여 있는 취약점을 극복할 방안도 고민할 필요가 있다.

따라서 캠프 데이비드 합의로부터 시작된 고위급 회의를 중단 없이 시행하고 3국 간 긴밀한 소통을 유지하는 것 외에 다음과 같은 과제들을 추가로 고려할 필요가 있다.

입법 조치의 마련

제도화의 완성은 궁극적으로 법제화로 연결된다. 즉, 의회와의 협력을 통해 입법 조치를 마련함으로써 3국 협력을 공식화·제도화하고, 협력에 필요한 자원(예산)을 확보할 필요가 있다. 이는 3국 협력에 대한 일반적인 법제화에 국한되는 것이 아니라 한·미·일이 추진하고자 하는 다양한 분야의 협력에 대한 법제화와 예산 배정을 포괄하여 추진하여야 한다. 이 경우, 의회의 협력을 견인하기 위해서는 3국 협력을 통해 확보되는 실질적 이익과 효과의 이해를 통한 국내적 공감대 형성이 필수적이다.

이와 반대로, 한·미·일 3국 협력을 저해하는 정책의 추진을 입법으로 저지할 수도 있다. 예를 들면, 미 의회는 2019년~2021 회계연도 국방수권법NDAA에 주한미군을 일정 수 이하로 줄이는 데 국방수권법상 예산을 사용하지 못하도록 제한하는 조항을 포함함으로써 주한미군 감축 시도를 저지하고자 한 바 있다. 또한, 2023년 국방수권법에는 상원의원 3분의 2 이상의 찬성이 없이는 대통령이 나토에서 탈퇴할 수 없도록 규정하고, 대통령이 상원의 승인 없이 나토 탈퇴를 시도하면 상·하원 3분의 2 이상의 지지 없이는 예산을 사용하지 못하도록 하는 내용을 포함하여 동맹 협력을 저해하는 시도를 방지하고자 하였다.[23]

공식 조직의 설치

사무국과 같은 공식 조직을 설치하여, 3국 협력 제도화를 공식화하는 한편, 3국 협력을 조율·촉진하는 역할을 맡도록 하는 방안을 고려해볼 수 있다. 유사한 예로 한·중·일이 3국 협력의 발전을 견인하고 촉진하기 위해 2011년 9월 설립한 국제기구인 3국협력사무국Trilateral Cooperation Secretariat, TCS이 있다. 1993년 ASEAN+3 정상회의를 계기로 시작된 한·중·일 3국 협력은 상호관계의 기복을 겪으면서도 꾸준히 유지되어오다가 TCS 발족 이후 정부 간 협력과 민간 교류가 확대·심화되었다. 현재 한·중·일 정상회의를 중심으로 21개의 장관급회의와 70개 이상의 각종 협의체가 추진되고 있으며[24] 2019년 이후 중단되었던 제9차 정상회의가 5월 27일 서울에서 개최되어 3국 협력체계가 복원된 바 있다.[25]

제2장에서 살펴본 것과 같이 한·미·일 3국 고위급 회의의 경우 연례적으로 열리게 되는데, 3국 협력이 궤도에 오르기 전까지는 연 1회의 회의만으로는 충분하지 않을 수도 있다. 따라서 사무국 설치를 통

23 이본영, 2023.12.15.

24 Trilateral Cooperation Secretariat 웹사이트(https://www.tcs-asia.org/ko/main/) 참조.

25 김명지, 2024.5.28.

해 이를 보완할 수 있는 다양한 수준의 회의를 통해 3국 협력을 견인할 필요가 있다. 물론, 사무국 설립만으로 삼자 협력의 지속가능성이 보장될 것이라고 확신할 수는 없지만, 담당 국제기구의 설립을 통해 3국 협력을 공식화·공고화하고, 국민의 인식을 제고하는 데 기여할 수 있을 것으로 기대된다.

3국 협력의 구체화

3국 협력은 광범위한 분야를 포괄하고 있으나, 처음부터 전 분야에서 협력 성과를 도출하기는 쉽지 않다는 현실적인 한계가 있다. 이에 기능적 통합을 통해 전체의 통합을 견인한 유럽의 사례와 같이 분야별로 협력이 가능한 영역의 우선순위를 정하는 것도 유용한 방안이 될 수 있다. 예를 들면, 그동안 한·미·일 협력이 주로 대북한 문제와 관련하여 잘 기능해 왔다는 점에서 이 영역을 지속 발전시키는 것을 기본으로 할 수 있다. 그동안 한·미·일 3국은 북한 문제에 대응하기 위해 1990년대 말 시작된 대북정책조정감독그룹TCOG, 한·미·일 안보 회의Defense Trilateral Talks, 한·미·일 북핵 관련 특별대표회의, 미사일 정보 실시간 공유체계[26] 등 다양한 회의체를 활용해 왔다. 이 외에도 경제, 사이버 안보, 개발 협력까지 다양한 분야에서 유효한 협력이 진행될 수 있을 것이며, 특히, 3국의 인도·태평양 전략 이행을 위한 공조 특히,

---

26 한·미·일은 2023년 12월 19일부터 북한 미사일 경보정보를 실시간으로 공유하고 있다. 2024년 3월 18일 북한 미사일 발사 초기 식별 시에 동시 발사 등으로 오차가 발생하였으며, 이후 일정 부분 추가 분석을 통해 오류를 정정 발표했는데, 이런 사항은 3국 모두에 공유된 바 있다.

개발 협력 프로젝트 추진을 위한 협력에 관심이 쏠리고 있다.

한편, 한국으로서는 한·미·일 3국 협력을 계기로 미일동맹의 앞선 군사기술 협력에 동참하는 것을 적극적으로 고려할 필요가 있다. 미일동맹은 한미동맹과 비교하면 국방과학기술 및 방산협력 분야에서 훨씬 앞서가고 있다. 따라서 3국 협력 및 상호 운용성 제고의 측면에서 미일동맹의 기술 및 방산 협력에 적극적으로 동참하고, 이를 3국 협력 차원으로 확장할 방안을 모색해야 한다.

또한, 북한의 핵·미사일 개발이 고도화됨에 따라 국내외에서 북한 비핵화에 대한 고정관념에서 벗어날 것을 주문하고, 나아가 한국 내 자체 핵 보유를 주장하는 목소리가 커지고 있다. 비록, 자체 핵 보유까지 나아가지는 않는다고 하더라도 차선책으로 한미 원자력 협정 개정을 통해 한국의 핵기술에 유연성을 제고할 필요는 있다.[27] 즉, 북한의 점증하는 핵 공격 위협에 대응하기 위해서 다양한 선택지를 가질 수 있도록 외교적 노력을 기울여야 하며, 우선 캠프 데이비드 합의의 주도적 이행을 통해 한·미·일 3국 간 신뢰를 공고히 하면서 일본 수준의 핵 재처리 능력을 보유하는 방안을 확보해야 할 필요가 있다.

3국 협력의 심화·확대

3국 협력의 심화·확대를 위해 몇 가지 방안을 생각해볼 수 있다. 우

---

27 예를 들면, 한국도 일본처럼 플루토늄 재처리 기술이나 우라늄 농축 기술을 확보할 수 있도록 미국을 설득할 필요가 있다. 마이크 폼페이오Mike Pompeo 전 국무장관이나 엘브리지 콜비 Elbridge A. Colby 전 국방부 차관보는 미국이 이에 대해 반대할 이유가 없다고 밝힌 바 있다(윤영관, 2024.6.15.).

선, 인도·태평양 지역에 관여하는 다른 국가들의 참여, 또는 미국의 다른 소다자 협력체나 가치를 공유하는 다른 국가들과의 협력을 고려해볼 수 있다. 즉, 미국이 추진하고 있는 격자형 소다자 동맹 네트워크에 속한 다른 국가나 협력체와의 협력을 통해 시너지 효과를 발생시키고 3국 협력을 더욱 심화·확대하는 것이다. 이 경우, 비록 유엔 안전보장이사회와 같이 구속력 있는 결의안을 도출하지는 못하지만, 다수 국가가 참여하는 규범 설정과 확산의 계기를 마련할 수 있고, 이 과정에서 한·미·일 3국이 핵심적인 역할을 할 수 있다.

다음으로, 비록 캠프 데이비드에서는 논의된 바가 없으나, 경제 안보 시대에 그 중요성이 더욱 강조되고 있는 민간 부문을 포함하는 방향으로 3국 협력을 확대하는 방안을 모색해야 한다. 보통 공급망 등 경제 분야에서는 민간 부문이 주요 역할을 하므로 정부가 직접 통제하기 어려울 뿐만 아니라, 개별국의 산업정책 조율은 매우 복잡하고 민감한 부분이다. 따라서 이러한 경제·산업 분야에 대한 국가 간 협력을 위해서는 민간 부문의 참여가 필수적이라는 점에서, 지금이라도 민간 부문의 참여를 조율하기 위한 체제 구상을 위한 논의를 시작할 필요가 있다.

한일협력의 공고화

한·미·일 차원의 협력 제도화 외에 삼국 협력의 약한 고리로 평가받는 한일관계를 공고화할 방안 역시 모색할 필요가 있다. 한일관계는 그동안 식민 지배의 역사로부터 기인하는 오랜 적대감을 청산하지 못한 상태에서 관계의 부침을 겪어 왔다. 따라서 이러한 과거사에 기인하는 영향에 크게 좌우되지 않고, 안정적인 양국 관계를 유지할 수 있도록 하기 위한 제도적 장치 마련이 요구되고 있다.

이와 관련하여 일부 전문가들은 2007년 체결된 '일본-호주 안보 협력 공동선언'Japan-Australia Joint Declaration on Security Cooperation과 같이 공동의 관심과 협력의 영역을 명시한 구속력 없는 정치적 성명으로서의 한일 안보 공동선언을 체결할 것을 제안하고 있다.[28] 또 다른 전문가들은 국제정세를 고려할 때 독일과 프랑스 사이에 체결된 엘리제 협정Élysée Treaty[29]과 유사한 협약 체결이 필요하다고 제안하기도 한다.[30] 그동안의 한일관계를 보면, 양국 간 안보 공동선언이나 정치적 협정을 맺는 것이 쉬운 과제는 아닐 것이나, 엄중한 국제정세 판단을 바탕으로 장기적 과제로 추진할 것을 고려해볼 필요가 있다. 특히, 이 과정에서 한일 양국은 서로 간 감정을 악화시키는 민감한 이슈에 대해서 도발적인 행동이나 발언을 자제하고, 국내정치적 고려에 의한 불필요한 자극을 자제하여 양국 협력의 여건을 조성하도록 노력해야 할 것이다.

---

28 Armitage & Nye Jr., 2024.4.4., pp.5~6.

29 1963년 1월 22일에 프랑스의 드골 대통령과 서독의 아데나워 총리가 체결한 양국 우호조약으로, 이 조약을 통해 양국은 적대적 관계를 청산하고 외교, 국방, 교육, 문화 등 전 분야의 협력을 강화하고, 국가 원수와 각료들이 정기적으로 회합할 것에 합의하였다. 구체적으로 매년 최소 2회 이상의 정상회담, 4회의 외교 및 국방장관회의를 개최한다. 양국 국방장관들은 양국 군대의 인적 교류와 장비 예산 협조, 민간 방위 분야의 협력 등을 협의하도록 하고 있으며, 양국 청소년은 상대국의 언어를 습득해야 한다는 규정도 포함하고 있다. 또한 이 조약은 재단 설립을 통한 양국 청소년 교류, 연료 순환, 원자로 등 핵분야 공동연구, 우주항공 산업 기술 교류, 환경협의회 설치, 양국 교육대학 설립, 텔레비전 문화채널 설립, 양국 문화 협의회 설치 등 광범위한 분야에서의 협력 사항을 규정하고 있다.

30 Yoko, 2023.8.17.

'3자 협의에 대한 공약'과 한·미·일 군사협력

캠프 데이비드에서 발표한 '3자 협의에 대한 공약'은 3국이 정보를 공유하고, 메시지를 동조화하며, 대응조치를 조율하지만, 이 공약이 '한미상호방위조약'과 '미일상호협력 및 안전보장조약'에서 비롯되는 공약을 대체하거나 침해하지 않고, 또 다른 국제법 또는 국내법 하에서의 권리나 의무를 창설하지 않는다고 밝히고 있다. 이는 한·미·일 3국이 위협 상황에서 협력한다는 것을 전제로 하는 것으로 볼 수 있지만, 동시에 공식적인 동맹은 아님을 밝히는 것으로 해석되기도 한다. 그러나 이미 가동되고 있는 북한 미사일 경보정보의 실시간 공유체계는 미국이 추진하고 있는 통합억제의 가장 기초적인 단계로서 궁극적으로 이러한 정보 공유가 실효성을 갖기 위해서는 각국의 대응체계가 통합되는 단계로까지 발전해야 한다는 점에서 한·미·일 3국 협력의 궁극적 지향에 대한 고민이 필요할 것으로 보인다.

특히, 4월 10일 개최된 미일 정상회담에서 기시다 총리는 일본이 미국의 글로벌 파트너가 될 것이라고 역설하면서 미일동맹이 미국의 소다자 동맹 네트워크의 허브 역할을 할 것을 공식화하였다.[31] 또한, 미·일 양국은 무기의 공동개발을 비롯하여 방위산업 분야의 협력을 심화하고, 호주, 영국 등과의 공동 훈련을 통한 군사협력을 강화하기로 합의하였다. 그뿐만 아니라 자위대와 주일미군의 상호 운용성과 작전 계획수립을 강화하기 위해 지휘통제 체계를 상호 고도화하는 것에 합의하였다.[32] 따라서 한미·일 3국 협력을 위해서 한미동맹과 미·일

---

31 Hornung, 2024.4.10.

동맹 간에도 군사작전 차원의 공식적인 연계가 구축되어야 한다는 주장에 대해 진지하게 고민할 때가 된 것으로 보인다.[33]

한중관계 및 한·중·일 협력

한·미·일 협력이 진정한 인도·태평양 지역의 안정 요소로 기능하기 위해서는 한·미·일 3국 협력과 더불어 현재 추진 중인 한·중·일 협력도 계속해서 추진해야 할 것이다. 이는 한·미·일 협력에 상응하는 북·중·러 협력의 강화로 인한 진영 간 갈등과 대립이 확대·심화되지 않도록 관리하는 차원에서 매우 중요하다.

또한, 공급망 재편으로 인해 야기되는 위험의 최소화를 위해 중국과의 관계 유지가 중요하다는 점에서도 한중관계를 세심하게 관리할 필요성이 제기되고 있다. 그뿐만 아니라, 중국의 경제적 보복에 대해 한일이 공동으로 대응할 수 있기 위해서도 한·중·일 삼자 협력의 기반이 유지되는 것이 유리하다. 이러한 차원에서 고위급 회담을 비롯한 인적교류를 지속하는 것은 물론이고, 세심한 메시지 관리를 통해 중국을 불필요하게 자극하는 것을 피할 필요가 있다.

---

32 The White House, 2024.4.10.

33 Armitage & Nye Jr., 2024.4.4.

Ⅳ. 글로벌 규칙 제정자로서의 한·미·일 협력

캠프 데이비드 합의는 한·미·일 3국 파트너십의 새로운 시대를 열었다는 평가를 받았다. 그렇다면, 한·미·일 협력은 캠프 데이비드 3국 정상회담 이전까지는 그다지 성공적이지 못하였는데 왜 이번에는 가능했던 것일까?

그동안 한·미·일 3국 협력은 미국이 제공하는 동맹 공약과 한미 갈등에 대한 미국의 중재 및 개입, 즉 미국의 동맹 관리에 대한 의지와 한·미·일 3국 국내 정치 및 리더십의 변화에 따라 부침이 있었다. 이번 캠프 데이비드 합의의 경우는 바이든 행정부의 동맹 중시 기조 및 한·미·일 협력에 대한 열망이 윤석열 대통령의 한일 갈등 해결에 대한 전향적 자세와 기시다 총리의 호응과 맞물리면서 성공적인 결과가 도출된 것으로 볼 수 있다. 그러나 이번 합의는 3국 협력의 시작에 불과하기에 향후 합의를 구체화하고 실행하기 위한 노력이 계속되어야 할 것이다.

한·미·일 3국 협력에 대한 도전 요소들을 고려할 때 3국 협력의 지속성을 담보하기 위해서는 제도화 및 공식화를 통해 이를 불가역적인 기정사실로 만들 필요가 있음을 알 수 있다. 또한, 실질적인 협력의 성과가 도출될 수 있도록 3국 협력을 구체화하고, 확대하는 한편 한·미·일 관계의 약한 고리로 평가되는 한일관계를 공고화할 방안을 모색해야 한다. 그뿐만 아니라, 캠프 데이비드에서 발표된 '3자 협의에 대한 공약'에 내재하여 있는 취약점을 극복할 방안도 고민해야 한다. 따라서 캠프 데이비드에서 합의된 연례 고위급 회의를 중단 없이 개최하고 3국 간 긴밀한 소통을 유지하는 것 외에도 입법 조치의 마련, 공식 조직의 설치, 3국 협력의 구체화와 심화·확대 및 공고화 방안, 한·미·일 군사협력에 대한 고려, 한·중·일 협력의 추진과 같은 과제들을 추가로 고려할 필요가 있다.

이러한 노력을 통하여 한·미·일 3국 협의체는 미국의 소다자 동맹 네트워크 내에서 다수 국가의 합의를 통해 조율된 규범을 도출하고 공유하는 규범 설정과 확산의 장으로 기능할 수 있을 것이며, 궁극적으로 글로벌 차원에서 사실상 새로운 규칙 제정자로서 핵심적 역할을 할 수 있게 될 것이다.

김도희

국회입법조사처 외교안보팀에서 입법조사연구관으로 재직 중이다. 위스콘신주립대학교에서 정치학 박사학위를 받았으며, 고려대학교, 숙명여자대학교 등에서 강의했고 UNESCO-APCEIU에서 연구원으로 근무했다. 현재는 한미동맹, 미국 대외정책, 방위사업 및 방위산업 분야에 관심을 두고 있으며, 이론적 기반과 현실 정책을 융합할 수 있는 연구를 지속하고 있다. 주요 논문으로는 "U.S.-China Hegemonic Competition and Power transitions: Focusing on the Role of Allies"(2024), "미중 전략경쟁 시대, 한미동맹의 방향과 과제"(2022), "미일 안보 협력 사례로 본 바이든 행정부의 동맹정책"(2022), 「Case Analysis of the ROK-US Alliance Burden-Sharing through Theoretical Approaches to the Evolution of an Asymmetric Alliance」(2020) 등이 있다. 저서로는 『국제질서 패러다임 인식과 대응: 주요국 논의를 중심으로』(공저, 2023)가 있다.

제1장 국제질서 변화와 한·미·일 안보 협력: 질서의 차원 _박인휘

김재철. 2017. "미중 관계와 한국 대미편승전략의 한계: 사드 배치의 사례를 중심으로". 『한국과 국제정치』, 제33권 3호.

빅터 D 차. 2004. 『적대적 제휴: 한국 미국 일본의 삼각 안보 체제』. 김일영, 문순보 옮김. 문학과 지성사,

윤대엽. 2021. "바이든 행정부의 동아태 전략과 한미 관계: 관여-헤징의 전략 모순". 『한국과 국제정치』, 제37권 2호.

전봉근, 김태현. 2020. "탈냉전 30년과 한반도: 북핵 문제를 중심으로". 『한국과 국제정치』, 제36권 1호.

정책브리핑. 2023.8.18. "캠프 데이비드 정신: 한·미·일 정상회의 공동성명". https://www.korea.kr/news/policyNewsView.do?newsId=148920087 (2024.4.20.)

연합뉴스. 2023.8.20. "NYT 한·미·일 정상회의, '아시아판 미니 나토' 중국 우려 심화".

연합뉴스. 2023.8.24. "브릭스, 사우디·이란·UAE·아르헨·이집트·에티오피아 품는다".

Alder-Nissen, Rebbeca. & Ayse, Zarakol. 2021. "Struggles for Reconition: The Liberal International Order and the Mergers of Its Discontents". *International Organization.* vol.73, no.2.

Arase, David. ed. 2017. *China's Rise and Changing Order in East Asia*. Palgrave

Macmillan.

Blanchette, Jude & Christopher Johnstone. 2023.6.24. "The Illusion of Great-Power Competition: Why Middle Powers—and Small Countries Are Vital to U.S. Strategy". Foreign Affairs.

Brown, Gordon. 2023.9.11. "A New Multilateralism: How the United States can rejuvenate the global institutions it created". Foreign Policy.

Brummer, Chris. 2014. *Minilateralism: How Trade Alliances, Soft Law and Financial Engineering are Redefining Economic Statecraft*. Cambridge University Press.

Calder, Kent and Ming, Ye. 2010. *The Making of Northeast Asia*. Stanford University Press.

Huang, Qingming. 2021. "The Pendemic and the Transformation of Liberal International Order". *Journal of Chinese Political Science*, vol.26, no.1.

Ikenberry, G. John. 2018. "The End of Liberal International Order?". *International Affairs*, Vol.94, No.1, pp.7~23.

Jahn, Beate. 2018. "Liberal Internationalism: historical trajectory and current prospects". *International Affairs*, Vol.94, No.1, pp.43~61.

Kai, Jin. 2016. *Rising China in a Changing World: Power Transitions and Global Leadership*. Palgrave Mcmillan.

Kim, Samuel. ed. 2004. *The International Relations of Northeast Asia*. Rowman & Littlefield Publisher.

Mazarr, Michael J., Blake, Jonathan S., Casey, Abigail., McDonald, Tim., Pezard, Stephanie. & Spirtas, Michael. 2018. *Understanding the Emerging Era of International Competition: Theoretical and Historical Perspectives*. RAND Corporation.

Nilson-Wright, John. 2017. "Creative Minilateralism in a Changing Asia: Opportunities for Security Convergences and Cooperation Between Australia, India and Japan". *Research Paper of Asia Program*.

Norrlof, Carla. 2021. "Is covid-19 liberal democratic curse? Risks for Liberal

International Order". *Cambridge Review of International Affairs*, vol.33, no.5.

Nye, Jr., Joseph S. 2010. "American and Chinese Power after the Financial Crisis". *The Washington Quarterly*, Vol.33, No.4, pp.143~153.

Ruggie, John G. ed., 1993. *Multilateralism Matters: the Theory and Praxis of an Institutional Form*. Columbia University Press.

Tow, William. & Thomson, Mark. et al. 2007. *Asia-Pacific Security: US, Australia and Japan and the New Security Triangle*. Routledge.

Walker, Darren. 2023.9.8. "Can the G-20 Be a Champion for the Global South?" Foreign Policy.

Wiener, Antje. 2018. *Contestation and Constitution of Norms in Global International Relations*. Cambridge University Press.

제2장 한·미·일 삼국의 안보 협력 60년사: 역사의 차원 _최용

김계동. 2019. 『현대 한미관계의 기원: 분단, 전쟁과 한미동맹』. 명인문화사.

김영호. 2018. "오바마 행정부의 재균형 전략에 대한 아베 정부의 대응 전략에 관한 연구", 『평화학연구』, 제18권 3호.

남상구. 2023. "일본 정부의 한일 역사문제에 대한 인식과 대응의 변화", 『일본연구논총』, 제58호.

동아일보. 1969.11.22.

대한민국 국회. 1948.11.19. "美軍駐屯에 關한 決議案". 『제1회 국회 속기록』, 제109호.

대한민국 외교사료관. 1979. "Letter from President Carter to President Park, February 15, 1977". the presidential letter exchanges between President Park Chunghee and U.S. President Carter, February 15, 1977 ~ March 6, 1979, Class Number 722.9 US.

빅터 D. 차. 2004. 『적대적 제휴: 한국, 미국, 일본의 삼각 안보 체제』. 문학과지성사.

요미우리 신문. 1996.11.6.

유지아. 2019. "일본 평화헌법의 공동화(空洞化)와 자위대". 『日本思想』, 제37호.

정민정. 2021. "한국 군함 사격통제레이더의 일 초계기 조준 여부 공방에 관한 법적 쟁점과 대응 방안". 『중앙법학』, 제21권 4호.

최운도. 2020. "전후 일본 경제 대국화의 원점: 점령의 개혁 정치 vs. 역코스 정책". 『일본학보』, 124권.

"American Foreign Policy 1950-1955." 1957. Basic Documents Volumes I and II, Department of State Publication 6446. General Foreign Policy Series 117. Washington, DC : U.S. Government Printing Office.

Berger, Thomas. 2004. *Japan's international relations: The political and security dimensions*. Rowman and Littlefield Publishers, Inc.

Choi Lyong. 2017. "Human Rights, Popular Protest, and Jimmy Carter's Plan to Withdraw U.S. Troops from South Korea". *Diplomatic History*, vol.41. no.5.

Choi Lyong. 2020. "Reluctant Reconciliation: South Korea's Tentative Détente with North Korea in the Nixon Era, 1969 – 72." *Modern Asian Studies,* vol.54, no.1.

Choi Lyong. & Shin Jong-dae. 2017. "The Enemy of My Ally Is Not My Enemy: The ROK-US Alliance and ROK-Iran Relations, 1978-1983." *Asian Perspective*, vol.41, no.3.

Choi Lyong & Lee Joo-young. 2023. *Fission and Fusion of Allies: The ROK Nuclear Quest and U.S.–France Competition and Cooperation*. Springer.

"Singlaub Challenge Begins to 'Draw The Line' On Carter War Policy". 1977.5.31. *Executive Intelligence Review*, vol.4, no.22. National 1.

Grier, Jean H. 1992. "The Use of Section 301 to Open Japanese Markets to Foreign Firms". *North Carolina Journal of International Law*, vol.17 no.1. https://scholarship.law.unc.edu/ncilj/vol17/iss1/1

Hwang Jae-ho & Choi Lyong. 2015. "Re-thinking normalisation between the ROK and the PRC in the early 1990s: the South Korean perspective". *Cold War History*, vol.15 no.4.

Lee Chae-jin & Sato Hideo. 1982. *U.S. Policy toward Japan and Korea: A Changing Influence Relationship*. Praeger.

Library of Congress, Manuscript Division. Kissinger Papers. 1969. Box TS 63, Memcons, Presidential File. "Top Secret; Sensitive. Wickel drafted this memorandum of conversation on November 24, 1969".

Ryan, Michael P. 1995. "USTR's Implementation of 301 Policy in the Pacific". *International Studies Quarterly*, vol.39, no.3.

Sigal, Leon V. 1998. *Disarming Strangers: Nuclear Diplomacy with North Korea*. Princeton University.

U.S. State Department. 1969.12.15. "Joint Communique Between President Richard Nixon and Prime Minister Eisaku Sato". United States Embassy Transcript, 21 Nov. 1969, sec. 4; U.S., State, Department of State Bulletin.

제3장 '신냉전' 시대 한·미·일 안보 협력: 이론의 차원 _차태서

국가안보실. 2023.6.5. "윤석열 정부의 국가안보 전략: 자유, 평화, 번영의 글로벌 중추 국가".

대한민국 대통령실. 2023.8.18. "캠프 데이비드 원칙 및 한·미·일 간 협의에 대한 공약".

백승욱. 2023. 『연결된 위기』. 서울: 생각의 힘.

백준기. 2023. "'신냉전(new cold war)' 담론에 관한 비판적 소론: '차가운 평화(cold peace)'의 정치적 결과." 『분석과 대안』, 7(3).

오드 아르네 베스타, 옥창준 역. 2020. 『냉전의 지구사: 미국과 소련 그리고 제3세계』. 파주: 에코리브르.

윤석열. 2022.8.15. "제77주년 광복절 경축사". 『대한민국 대통령실』

윤석열. 2023.1.11. "윤석열 대통령 외교부·국방부 업무보고 마무리 발언 관련 서면 브리핑." 『대한민국 대통령실』

윤석열. 2023.3.16. "한일 확대 회담 모두발언". 『대한민국 대통령실』

윤석열. 2023.3.21. "제12회 국무회의 윤석열 대통령 모두 발언". 『대한민국 대통령실』

윤석열. 2023.4.28a. "美 국방부 방문 모두발언." 『대한민국 대통령실』

윤석열. 2023.4.28b. "한미동맹 70주년 기념 미국 상하원 합동회의 연설." 『대한민국 대통령실』

윤석열. 2023.6.28. "한국자유총연맹 창립 제69주년 기념식 축사." 『대한민국 대통령실』

윤석열. 2023.7.12. "NATO 동맹국·파트너국 정상회의 윤석열 대통령 발언문." 『대한민국 대통령실』

윤석열. 2023.8.15. "제78주년 광복절 경축식". 『대한민국 대통령실』

윤석열. 2023.8.21. "을지 및 제35회 국무회의 모두 발언". 『대한민국 대통령실』

차태서. 2021. "미국의 세계질서론과 동아시아전략". 박은주 외. 『세계질서의 재편과 신한반도 체제』. 서울: 통일연구원.

차태서. 2024. 『30년의 위기: 탈단극 시대 미국과 세계질서』. 서울: 성균관대학교 출판부.

Cha Taesuh & Seo Jungkun. 2018. "Trump by Nixon: Maverick Presidents in the Years of US Relative Decline." *Korean Journal of Defense Analysis*. 30(1).

Gaddis, John L. 1982. *Strategies of Containment: A Critical Appraisal of American National Security Policy during the Cold War*. Oxford: Oxford University Press.

Haass, Richard N. & Kupchan, Charles A. 2021. "The New Concert of Powers: How to Prevent Catastrophe and Promote Stability in a Multipolar World," *Foreign Affairs*, March 23.

Jacobson, Gavin. 2023. "The tragedy of John Mearsheimer: How the American realist became the world's most hated thinker." *The New Statesman*. https://www.newstatesman.com/ideas/2023/09/tragedy-john-mearsheimer

Kennan, George F. 1994. "The Failure in Our Success." *New York Times*, March 14.

Kennan, George F. 1997. "A Fateful Error." *New York Times*. February 5.

Layne, Christopher. 2020. "Coming Storms: The Return of Great-Power War,"

Foreign Affairs, 99(6).

Martin, Katherine Connor. 2015. "George Orwell and the origin of the term 'cold war'". https://blog.oup.com/2015/10/george-orwell-cold-war/

Mearsheimer, John J. & Walt, Stephen M. 2003. "An Unnecessary War". *Foreign Policy* 134.

Mearsheimer, John J. & Walt, Stephen M. 2007. *The Israel Lobby and U.S. Foreign Policy*. New York: Farrar, Straus and Giroux.

Morgenthau, Hans J. 1977. "Fragments of an Intellectual Biography." In Hans J. Morgenthau, Kenneth W. Thompson & Robert John Myers (eds.), *Truth and Tragedy*. Transaction Books.

The White House. 2022.10.12. "National Security Strategy." National Security Strategy Archive.

Tjalve, Vibeke Schou. 2008. *Realist Strategies of Republican Peace: Niebuhr, Morgenthau, and the Politics of Patriotic Dissent*. New York: Palgrave Macmillan.

Waltz, Kenneth N. 2012. "Why Iran Should Get the Bomb: Nuclear Balancing Would Mean Stability." *Foreign Affairs*, vol.91 no.4.

제4장 한국의 입장과 정책: 북핵과 한반도를 넘어서는 한·미·일 안보 협력
_정구연

김보미. 2022.9.13. "북한의 새로운 핵 독트린: 최고인민회의 법령 '조선민주주의 인민공화국 핵 무력 정책에 대하여' 분석". 국가안보전략연구원 이슈브리프, 제387호.

김선영, 허재영, 2023. "일본 내 4차 한류 붐의 특징과 한일관계: 일본 Z세대를 중심으로".『문화와 정치』, 제10권 4호.

김치욱, 2016. "중견국 외교론으로 본 동북아 평화 협력 구상".『동아연구』, 제35권 2호.

박인휘, 2023. "'캠프 데이비드' 한·미·일 협력과 한국 외교의 과제".『통일정책연구』, 제32권 2호.

박철희. 2022. "한일관계: 50년의 경험과 교훈".『한국과 국제정치』, 제38권 1호.

성기영. 2021.11. "한반도 평화 프로세스와 한·미·일 안보 협력: TCOG 사례 연구와 시사점". INSS 전략 보고, no.145.

손열. 2018. "위안부 합의의 국제정치: 정체성-안보-경제 넥서스와 박근혜 정부의 대일 외교".『국제정치논총』, 제58권 2호.

손열. 2023. "미중 전략경쟁 속의 한일관계, 2012-2023. 역사 갈등, 외압, 전략적 동조화".『일본연구논총』, 제58호.

신욱희. 2019a. "'한국조항'의 문제: 한·미·일 관계 속의 한일관계".『한국과 국제정치』, 제35권 3호.

신욱희. 2019b.『한·미·일 삼각 안보 체제』. 사회평론 아카데미.

앤드류 여. 2024. "한·미·일 연대 제도화와 한반도 및 인도·태평양 안보".『한국국가전략』, 제9권 1호.

정구연. 2023. "경쟁적 공존과 미국의 제도적 균형: 미국의 맞춤형 연합체와 지역 아키텍처 구축을 중심으로".『세계지역연구논총』, 제40집 3호.

정상미. 2023. "안보 위협과 대일 인식: 한일관계 개선·한·미·일 군사 안보 협력에 대한 여론분석(2018-2021)".『국제정치논총』, 제63권 1호.

최은미. 2023.3.13. "강제징용 대법원판결 관련 해법 발표(2023. 3. 6) 이후의 한일관계: 전망과 과제". 아산정책연구원 이슈브리프.

브루스 클링너. 2024. "중국·러시아·북한의 연대 강화와 미국과 동맹국에 대한 위기 고조".『한국국가전략』, 제9권 1호.

황일도. 2022.9.14. "북한 핵무력정책법 분석: 핵전력용도 및 지휘통제 조항을 중심으로". 국립외교원 외교안보연구소 Ifans Focus.

Cha, Victor. 1999. *Alignment Despite Antagonism: The US-Korea-Japan Security Triangle*. Stanford University.

Ford, Lindsey, W. 2020. "The Trump Administration and the 'Free and Open Indo-Pacific'". The Brookings Institution.

Perry, William J. 1999.10.12. "Review of United States Policy Toward North Korea:

Findings and Recommendations". Unclassified Report to the President and the Secretary of State. https://1997-2001.state.gov/regions/eap/991012_northkorea_rpt.html

Yeo, Andrew. & Chung Kuyoun. 2023. "A Relational Approach to Indo-Pacific Strategies: South Korea's Role in a Networked Regional Architecture". *Asian Politics and Policy*, vol.15 no.1.

Yoon Suk-yeol. 2022.2.8. "South Korea Needs to Step Up". *Foreign Affairs*.

제5장 일본의 입장과 정책: 제도화를 지향하는 한·미·일 안보 협력 _송화섭

대통령실. 2023.8.18a. "캠프 데이비드 원칙 및 한·미·일 간 협의에 대한 공약". https://www.president.go.kr/newsroom/press/NtwVwRMc

대통령실. 2023.8.18b. "캠프 데이비드 정신: 한·미·일 정상회의 공동성명". https://www.president.go.kr/newsroom/press/yeE9qWIT

박명희. 2023.10.5. "한·미·일 정상회의 관련 일본 내 평가와 시사점".『이슈와 논점』, 제2146호.

성기영. 2021.11. "한반도 평화 프로세스와 한·미·일 안보 협력: TCOG 사례 연구와 시사점".『INSS 전략보고』, no.145.

연합뉴스. (2024. 2. 13.) "日의 NCG 참여에 韓 열려있어…안보실장 때 日과 논의". https://www.yna.co.kr/view/AKR20240212053051071

이재학. 2023. "북한의 '핵 확전 위협 전략'에 대한 국가 위기관리 방향: '확전 사다리'와 '1차 공격 안정성'을 중심으로".『국가전략』, 제29권 4호.

NHK. 2023.6.17. "「拡大抑止」将来的に日米韓で協議の可能性も 米大統領補佐官" https://www3.nhk.or.jp/news/html/20230617/k10014102121000.html

Yasuyo Sakata, "The Camp David and U.S.-Japan-ROK Trilateral Security and Defense Cooperation: Consolidating the Northeast Asia Anchor in the Indo-Pacific," *Korea Policy*, Vol.2, No.1 (2024), Korea Economic Institue of America.

小谷哲男. 2023.9.1. "日米韓キャンプ・デービッド合意：評価と課題". 国問研戦略
コメント. https://www.jiia.or.jp/strategic_comment/2023-08.html

阪田恭代. 2024.3.31. "韓国のインド太平洋ピボット～「インド太平洋2.0」におけ
る日韓・日米韓の戦略的連携". 日本国際問題研究所 研究レポート. https://
www.jiia.or.jp/research-report/korea-fy2023-05.html

日本国際問題研究所. 2024.3.31. "「韓国研究会」政策提言". https://www.jiia.or.jp/
research/policy_recommendation_ROK2023.html

日本国際問題研究所. 2024.3.22. "「北朝鮮核・ミサイルリスク研究会」政策提言".
https://www.jiia.or.jp/research/policy_recommendation_NK2023.html

日本経済新聞. 2023.8.21. "日米韓が残した宿題 「核の傘」で伏せられたズレ".

毎日新聞. 2023.8.19. "日米韓協力「制度化」の狙い 対中・対北朝鮮の連携へ各国
の本音".

牧野愛博. 2023.8.25. "成功に見えた日米韓首脳会談、「中国」と共同声明に明記
できない韓国・尹政権の明らかになった「深い苦悩」". https://gendai.media/
articles/-/115298?imp=0

李信愛. 2023.7.11. "ギャップに注目：インド太平洋の文脈における日米韓協力
の成果と限界". 国際情報ネットワーク分析 IINA. https://www.spf.org/
iina/articles/lee_03.html

朝日新聞. 2023.8.19. "日米韓、「前例ないレベル」で安保協力へ 前のめりの米
国、日韓は？"

제6장 미국의 입장과 정책: 외교안보 실행체로서의 한·미·일 안보 협력 _김영준

김경희. 2024.4.25. "캠벨 '윤, 기시다 결단 노벨 평화상 감···국제관계에 엄청난
영향". 연합뉴스. 2024년 4월 25일. https://www.yna.co.kr/view/AKR20240
425003200071?input=1195m

김영준. 2019. "왜 북한은 우크라이나랑 다른가? 우크라이나 핵 폐기 과정 분석
과 북한식 CTR 모델 연구". 『세계지역연구논총』, 제37권 4호.

김영준. 2023. "북핵 접근의 현실론과 한반도형 핵 군비통제 방안". 『통일정책연

구』, 제32권 1호.

김영준. 2023.10.5. "북·중·러 군사협력과 유엔사의 역할". 세계일보. https://www.segye.com/newsView/20231005519853?OutUrl=naver

김영준. 2024a. "2024년 미국 대선과 한반도". 『월간 국방대』, 제70호.

김영준. 2024b. "미국 대선과 한반도 핵 안보: 대응 전략과 과제". 『월간군사』, 제4호.

김영준. 2024.6.28. "미·러 관계의 전략적 불안정성". 『2024년 국제정치학회 하계 학술대회 발표집』.

김영준. 2024.6.30. "2024년 미국 대통령 선거와 한반도". 『안보현안분석』, 제216권.

박성진, 조준형. 2024.4.24. "트럼프-아소 전 일본 총리, 뉴욕 회동…북한, 중국 도전 등 논의" 연합뉴스. https://www.yna.co.kr/view/AKR20240424022751071

Brzezinski, Zbigniew. 2013. *Strategic Vision: America and the Crisis of Global Power*. Basic Books.

Campbell, Kurt M. & Ratner, Ely. 2018. "The China Reckoning: How Beijing Defied American Expectations". *Foreign Affairs*, vol.97 no.2.

Campbell, Kurt M. & Sullivan, Jake. 2019. "Competition without Catastrophe: How American Can Both Challenge and Coexist with China". *Foreign Affairs*, vol.98 no.5.

Colby, Elbridge A. 2022. *The Strategy of Denial: American Defense in an Age of Great Power Conflict*. Yale University Press.

Council on Foreign Relations. 2023.10.25. "Trilateral Security Cooperation: Implementing the Spirit of Camp David". https://www.cfr.org/event/trilateral-security-cooperation-implementing-spirit-camp-david

Dalton, Toby & Kim Young-jun. 2021.3. "Negotiating Nuclear Arms Control with North Korea: Why and How?". *The Korean Journal of Defense Analysis*, vol.33 no.1.

Hudson Institute. 2024.4.24. "A Conversation with Deputy Secretary of State Kurt Campbell: The New Era in the US-Japan Relationship". https://www.hudson.org/events/conversation-deputy-secretary-state-kurt-campbell-new-era-us-japan-relationship

Kim Young-jun. 2019.3. "North Korea's Relations with China and Russia in the Security Realm" in Choo Jae-woo., Kim Young-jun. Lukin, Artyom., & Wishnick, Elizabeth. "The China-Russia Entente and the Korean Peninsula". *NBR Special Report* no.78. The National Bureau of Asian Research.

Kim Young-jun. 2023.6. "Will North Korea Join Russia and China in a Combined Military Exercise? A Game Changer for Northeast Asian Security Architecture". *The Korean Journal of Security Affairs*, vol.28 no.1.

Kissinger, Henry. 2014. *World Order*. Penguin Books.

Mearsheimer, John J. & Walt, Stephen M. 2016. "The Case for Offshore Balancing: A Superior U.S. Grand Strategy". *Foreign Affairs*, vol.95 no.4.

Russel, Daniel. 2023.8.17. "One Summit, Three Allies and a Very Important Message for China". *The New York Times*. https://www.nytimes.com/2023/08/17/opinion/camp-david-biden-japan-korea.html

The Department of Defense. 2019.6.1. "Indo-Pacific Strategy Report: Preparedness, Partnerships, and Promoting a Networked Region". https://media.defense.gov/2019/Jul/01/2002152311/-1/-1/1/DEPARTMENT-OF-DEFENSE-INDO-PACIFIC-STRATEGY-REPORT-2019.PDF

The State Department. 2019.11.4. "A Fee and Open Indo-Pacific : Advancing a Shared Vision". https://www.state.gov/wp-content/uploads/2019/11/Free-and-Open-Indo-Pacific-4Nov2019.pdf

The State Department. 2024.5.31. "United States-Japan-the Republic of Korea Trilateral Meeting". https://www.state.gov/briefings-foreign-press-centers/trilateral-press-briefing

The White House. 2023.8.18. "The Spirit of Camp David: Joint Statement of Japan, the Republic of Korea, and the United States". https://www.whitehouse.gov/

wp-content/uploads/2022/02/U.S.-Indo-Pacific-Strategy.pdf

The White House. 2022.2. "Indo-Pacific Strategy of the United States".

Wetiz, Richard., Hoell, Maximilian., Isozaki, Komei., Kim Young-jun & Woo Ye-
    seul. 2023. "Strengthening International Cooperation in Managing China-
    Related Proliferation Challenges". The Hudson Institute. Washington DC.

제7장 한·미·일 안보 협력: 제약 요인의 돌파를 위해 _차두현

김규판, 이형근, 이정은. 2022. 『일본의 중장기 통상 전략과 한일 협력 방안』. 대
    외경제정책연구원.

김재천. 2023.10.20. "한미동맹의 협력 확장과 '집단 복원력(Collective
    Resilience)'". 아산정책연구원 이슈브리프.

대한민국 대통령실. 2024.4.17. "尹 대통령, 기시다 일본 총리와 통화". 대통령실
    보도자료.

동북아역사재단. 2020. 『일본 지식인에게 듣는 한일관계와 역사문제』. 동북아역
    사재단.

이동준. 2024. 『불편한 회고: 외교 사료로 보는 한일관계 70년』. 삼인.

진창수. 2023. 『새로운 한일관계 구축을 위한 대일본 공공외교』. 세종연구소.

차두현. 2022.11.22. "자체 핵무장, 치러야 할 대가 너무 크다". 신동아.

차두현. 2023. "동북아, 연대결성의 새로운 경연장". 아산정책연구원 편. 『아산국
    제정세전망 2024: 연대결성(Coalition Building)』. 아산정책연구원.

한국일보. 2023.6.15. "'일본과 관계 좋다'는 한국인 1년 새 18→44%…28년 만에
    최고치 [한일 여론조사]".

한국일본학회. 2016. 『경쟁과 협력의 한일관계』. 논형.

ABC News. 2024.2.12. "Trump says he'd 'encourage' Russia 'to do whatever the hell
    they want' if a NATO country didn't spend enough on defense".

Cancian, Mark F., Cancian, Matthew. & Heginbotham, Eric. 2023.1.9. "The First
    Battle of the Next War: Wargaming a Chinese Invasion of Taiwan". A Report

of the CSIS International Security Program. CSIS.

Cossa, Ralph A. & Gong Ro-Myung. 1999. "U.S.-Korea-Japan Relations: Building Toward a 'Virtual Alliance'. Csis Significant Issues Series. CSIS.

Hornat, Jan. 2023.11.14. "Beyond the Hub and Spokes: The Networking Logic and the Operationalization of US Indo-Pacific Strategy". *Asian Affairs*.

NK News. 2024.3.7. "The US softened its tone on North Korea. But it's still singing the same tune".

Patterson, Dennis. & Choi Jangsup. 2024. *Strengthening South Korea–Japan Relations: East Asia's International Order and a Rising China*. University of Kentucky Press.

Pollack, Jonathan D., Young Koo Cha, et al. 1996. *A New Alliance for the Next Century*. Rand Corporation.

Rozman, Gilbert. 2015. *Asia's Alliance Triangle: U.S.-Japan-South Korea Relations at a Tumultuous Time*. Asan Institute for Policy Studies.

The Asan Institute for Policy Studies. 2023. "The Asan Poll: South Koreans and Their Neighbors".

The Diplomat. 2015.6.10. "Interview, Josheph Nye: Author and political scientist Joseph Nye on China and the U.S. rebalance to Asia". https://thediplomat.com/2015/06/interview-joseph-nye/

The Korea Times. 2023.12.22. "S. Korea, US, Japan launch real-time NK missile data-sharing system".

The Whte House. 2023.8.18. "The Spirit of Camp David: Joint Statement of Japan, the Republic of Korea, and the United States".

The White House. 2024.4.10. "United States-Japan Joint Leaders' Statement".

Time. 2024.4.30. "How Far Trump Would Go".

Wilkins, Thomas. 2022.7.19. "A Hub-and-Spokes 'Plus' Model of us Alliances in the Indo-Pacific: Towards a New 'Networked' Design". *Asian Affairs*.

Yonhap News Agency. 2024.3.7. "U.S. focus on 'interim' steps with N. Korea raises questions about policy direction".

서정건. 2022. "미국의 인·태 전략: 미중 갈등과 미국정치", 『갈등과 인도·태평양: 각국의 인·태 전략』. 명인문화사.

Almond, Gabriel A. 1950. *The American People and Foreign Policy.* Harcourt, Brace.

AP Washington News. 2024.2.29. "US adults fracture along party lines in support for Ukraine military funding, AP-NORC poll finds". https://apnews.com/article/poll-ukraine-aid-congress-b772c9736b92c0fbba477938b047da2f

Baum, Matthew A., & Tim Groeling. 2009. "Shot by the Messenger: Partisan Cues and Public Opinion Regarding National Security and War" *Political Behavior*, vol.31 no.2.

Berinsky, Adam J. 2007. "Assuming the Costs of War: Events, Elites, and American Public Support for Military Conflict". *Journal of Politics*, vol.69 no.4.

Brody, Richard A. 1991. *Assessing the President: The Media, Elite Opinion, and Public Support.* Stanford University Press.

Colaresi, Michael. 2007. "The Benefit of the Doubt: Testing an Informational Theory of the Rally Effect". *International Organization*, vol.61 no.1.

Converse, Philip E. 1964. "The Nature and Origin of Belief Systems in Mass Publics" in *Ideology and Discontent,* Apter, David E. ed. Free Press, pp.206-261.

Five Thirty Eight, "Who's ahead in the national polls?" https://projects.fivethirtyeight.com/polls/president-general/2024/national/

Gerwitz, Paul. 2023.5.30. "Words and Policies: "De-risking" and China Policy", Brookings Institution. https://www.brookings.edu/articles/words-and-policies-de-risking-and-china-policy

Goren, Paul, Schoen, Harald., Reifler, Jason., Scotto, Thomas. & Chittick, William. 2016. "A Unified Theory of Value-based Reasoning and US Public Opinion". *Political Behavior*, vol.38 no.4.

Holsti, Ole R. 1992. "Public Opinion and Foreign Policy: Challenges to the Almod-Lippmann Consensus". *International Studies Quarterly*, vol.36 no.4.

Jentleson, Bruce W. 1992. "The Pretty Prudent Public: Post Post-Vietnam American Opinion on the Use of Military Force". *International Studies Quarterly*, vol.36 no.1.

Lippmann, Walter. 1955. *Essays in the Public Philosophy*. Little, Brown.

Page, Benjamin I., & Robert Y. Shapiro. 1992. *The Rational Public: Fifty Years of Trends in Americans' Policy Preferences*. University of Chicago Press.

Rathbun, Brian C. 2007. "Hierarchy and Community at Home and Abroad: Evidence of a Common Structure of Domestic and Foreign Policy Beliefs in American Elites". *Journal of Conflict Resolution*, vol.51 no.3.

Tathbun, Brian C., Joshua D. Kertzer, Jason Reifler, Paul Goren, and Thomas J. Scotto. 2016. "Taking Foreign Policy Personally: Personal Values and Foreign Policy Attitudes". *International Studies Quarterly*, vol.60 no.1.

Rosenau, James N. 1965. *Public Opinion and Foreign Policy: An Operational Formulation*. Random House.

Zaller, John R. 1992. *The Nature and Origins of Mass Public Opinion*. Cambridge University Press.

제9장 한·미·일 안보 협력: 새로운 시대의 전망과 과제 _김도희

강구열. 2024.4.29. "보궐 참패 일본 자민당…'정권교체 비현실적 목표 아냐'". 세계일보.

기획재정부. 2024.4.18. "첫 한미·일 재무장관 회의를 통해 3국 간 경제·금융 협력 의지를 확인(보도자료)".

기획재정부, 2024.4.30. "국회입법조사처 제출자료".

김명지. 2024.5.28. "윤, 한중·일 정상회의 성과는…협력체계 '복원', 북핵 문제 '온도 차'". CBS노컷뉴스.

김은중. 2024.1.26. "[단독] '트럼프 공약집' 제작 총괄한 폴 댄스 인터뷰, '트럼프

집권 땐, 동맹들 더 내고 더 희생해야'". 조선일보.

김현. 2024.3.20. "'동맹 경시' 트럼프 복귀 시, 방위비 분담·북핵 등 격랑 속으로". 뉴스1.

김현욱. 2023.8.21. "'새 시대'를 맞은 한·미·일 협력[기고]". 동아일보.

박명희. 2023.10.5. "한·미·일 정상회의 관련 일본 내 평가와 시사점".『이슈와 논점』. 국회입법조사처.

박상현. 2024.4.11. "일 자민당 비자금 의원 징계에도…'기시다 지지율 16.6% 또 최저'". 연합뉴스.

손열. 2018. "위안부 합의의 국제정치: 정체성-안보-경제 넥서스와 박근혜 정부의 대일 외교".『국제정치논총』, 제58권 2호.

윤영관. 2024.6.15. "[선데이 칼럼] 트럼프가 다시 대통령이 된다면?". 중앙 SUNDAY.

이민석. 2024.4.15. "[단독] 트럼프 정책 총괄자 '中 대만 침공 땐 한국이 군사 지원해야'". 조선일보.

이본영. 2023.12.15. "'주한미군 2만 8500명 유지' 미 국방수권법 의회 통과". 한겨레.

이승훈. 2024.4.11. "日 언론, 여당 참패 총선 분석…'한일관계에 시련 올 것'". 매일경제.

외교부. 2024.5.2. "국회입법조사처 제출자료".

조양현. 2022. "미국 바이든 정부 출범과 한·미·일 협력: 미국의 동맹 관리의 시각에서",『정책연구시리즈』, 제3호.

Armitage, Richard L. & Nye Jr., Joseph S. 2024.4.4. "The U.S.-Japan Alliance in 2024: Toward an Integrated Alliance". CSIS.

Atlantic Council. 2023.8.18. "Experts react: The US-Japan-South Korea summit was 'historic.' But what did it accomplish?".

Cha, Victor. 2000. *Alignment Despite Antagonism: The United States-Korea-Japan Security Triangle.* Stanford University Press.

Cortellessa, Eric. 2024.4.30. "Donald Trump on What His Second Term Would

Look Like". *Time*.

Curtis, Lisa. Wright, Evan. & Kelley, Hannah. 2024.3.21. "Forging a New Era of U.S.-Japan-South Korea Trilateral Cooperation: *The Key to a Stable, Secure Indo-Pacific*, Center for New American Security". Center for a New American Security.

Hornung, Jeffrey W. 2024.4.10. "America's Best Friend in Asia — The Case for Elevating the U.S. Alliance With Japan". *Foreign Affairs*.

Sullivan, Kate. 2024.2.11. "Trump says he would encourage Russia to 'do whatever the hell they want' to any NATO country that doesn't pay enough". CNN.

The White House. 2024.4.10. "United States-Japan Joint Leaders' Statement".

Ward, Alexander. 2023.12.13. "Trump considers overhauling his approach to North Korea if he wins in 2024". *POLITICO*.

Yoko, Iwama. 2023.8.17. "Time for a Japan-Korea Élysée Treaty: The two East Asian nations should take inspiration from landmark treaty in Europe". *The Diplomat*.

엮은이 황재호

한국외국어대학교 국제학부 교수로 재직 중이며 글로벌전략협력연구원장을 맡고 있다. 영국 런던정경대(LSE)에서 국제관계학 박사학위를 받았다. 한국국방연구원 선임연구원, 미국 브루킹스 연구소, 중국 국제문제연구원, 베이징대, 외교학원, 일본 방위연구소, 게이오대 방문학자 등을 거쳤으며, 청와대 국가안보실, 대통령 직속 정책기획위원회 위원, 외교부, 국방부 서울안보대화, 국회 한중정치경제포럼 자문 교수 등을 역임했다. 주요 논문으로는 한국의 인·태 전략에 관한 "South Korea's Indo-Pacific Strategy: More than Strategic Clarity and toward Becoming a Global Player"(2023) 등이 있다. 저서로는 『我的中国新观察』(2022), 『갈등과 공존의 인도·태평양』(편저, 2022)이 있다.

한·미·일 3국의 안보 협력

동 인 과 변 인 그 리 고 미 래

초판인쇄 2024년 09월 20일
초판발행 2024년 09월 20일

지은이 황재호
펴낸이 채종준
펴낸곳 한국학술정보(주)
주 소 경기도 파주시 회동길 230(문발동)
전 화 031-908-3181(대표)
팩 스 031-908-3189
홈페이지 http://ebook.kstudy.com
E-mail 출판사업부 publish@kstudy.com
등 록 제일산-115호(2000. 6. 19)

ISBN 979-11-7217-524-5 93340

이담북스는 한국학술정보(주)의 학술/학습도서 출판 브랜드입니다.
이 시대 꼭 필요한 것만 담아 독자와 함께 공유한다는 의미를 나타냈습니다.
다양한 분야 전문가의 지식과 경험을 고스란히 전해 배움의 즐거움을 선물하는 책을 만들고자 합니다.